हंसै खेलै न करै मन भंग

(गोरख-वाणी)

हंसैं खेलैं न करैं मन भंग

हंसिबा खेलिबा धरिबा ध्यानं! लेकिन जिसको यह अनुभव हो गया है, उसके जीवन में तुम्हें कुछ चीजें दिखाई पड़ने लगेंगी। बड़े प्यारे वचन हैं, बड़े गहरे वचन हैं! हंसिबा खेलिबा धरिबा ध्यानं....! उसे तुम देखोगे हंसते हुए, खेलते हुए। जीवन उसके लिए लीला हो गया। उसे गंभीर नहीं पाओगे। यह कसौटी है सद्‌गुरु की। उसे तुम गंभीर और उदास नहीं पाओगे। तुम उसे हंसता हुआ पाओगे।

उसके लिए सब हंसी-खेल है, सब लीला है।

जीवन एक अभिनय है; लेकिन उसी के लिए पूर्ण अभिनय हो पाता है, जो शून्य को उपलब्ध हो जाता है।

हंसै खेलै न करै मन भंग

ओशो

ओशो द्वारा गोरख-वाणी पर दिए गए
बीस अमृत प्रवचनों के संकलन 'मरौ हे जोगी मरौ'
से लिए गए चार (1-4) प्रवचन

डायमंड बुक्स

I.S.B.N. : 81-7182-243-6

संपादन

स्वामी चैतन्य कीर्ति

स्वामी आनंद सत्यार्थी

संयोजन

स्वामी अमानो मनीष

संकलन

मा अमृत प्रिया

स्वामी अरुण सत्यार्थी

प्रकाशक

डायमंड पॉकेट बुक्स प्रा. लि.

X-30, ओखला इंडस्ट्रियल एरिया, फेज-II

नई दिल्ली - 110020

फोन : 011-41611861-865

फैक्स : 011-41611866

ई-मेल : sales@dpb.in

वेबसाइट : www.dpb.in

संस्करण: **2016**

कम्प्यूटर ग्राफिक्स

स्वामी चैतन्य विस्तार

Hansai Khelai Na Karai Man Bhang in Hindi

Original Hindi version published as 'Marau He Jogi Marau', Ch 1-4

अनुक्रम

हंसिबा खेलिबा धरिबा ध्यानं	....	7
अज्ञात की पुकार	....	37
सहजै रहिबा	....	69
अदेखि देखिबा	....	99

भगवान श्री रजनीश
अब केवल 'ओशो'
नाम से जाने जाते हैं।

ओशो के अनुसार उनका नाम
विलियम जेम्स के शब्द
'ओशनिक' से लिया गया है, जिसका
अभिप्राय है सागर में विलीन हो जाना।

'ओशनिक' से अनुभूति की व्याख्या तो होती है, लेकिन, वे कहते हैं कि अनुभोक्ता के संबंध में क्या? उसके लिए हम 'ओशो' शब्द का प्रयोग करते हैं। बाद में उन्हें पता चला कि ऐतिहासिक रूप से सुदूर पूर्व में भी 'ओशो' शब्द प्रयुक्त होता रहा है, जिसका अभिप्राय है : भगवत्ता को उपलब्ध व्यक्ति, जिस पर आकाश फूलों की वर्षा करता है।

हंसिबा खेलिबा धरिबा ध्यानं

एक

बसती न सुन्यं सुन्यं न बसती अगम अगोचर ऐसा।
गगन सिषर महिं बालक बोले ताका नांव धरहुगे कैसा।।
हंसिवा खेलिबा धरिबा ध्यानं। अहनिसि कथिबा ब्रह्मगियानं।
हंसै षेलै न करै मन भंग। ते निहचल सदा नाथ के संग।।
अहनिसि मन लै उनमन रहै, गम की छांड़ि अग की कहै।
छांडै आसा रहे निरास, कहै ब्रह्मा हूं ताका दास।।
अरधै जाता उरधै धरै, काम दग्ध जे जोगी करै।
तजै अल्यंगन काटै माया, ताका बिसनु पषालै पाया।।
मरौ वे जोगी मरौ, मरौ मरन है मीठा।
तिस मरणी मरौ, जिस मरणी गोरष मरि दीठा।।

महाकवि सुमित्रानंदन पंत ने मुझसे एक बार पूछा कि भारत के धर्माकाश में वे कौन बारह लोग हैं—मेरी दृष्टि में—जो सबसे चमकते हुए सितारे हैं? मैंने उन्हें ये सूची दी : कृष्ण, पतंजलि, बुद्ध, महावीर, नागार्जुन, शंकर, गोरख, कबीर, नानक, मीरा, रामकृष्ण, कृष्णमूर्ति। सुमित्रानंदन पंत ने आंखें बंद कर लीं, सोच में पड़ गए...।

सूची बनानी आसान भी नहीं है, क्योंकि भारत का आकाश बड़े नक्षत्रों से भरा है! किसे छोड़ो, किसे गिनो?...वे प्यारे व्यक्ति थे—अति कोमल, अति माधुर्यपूर्ण, स्त्रैण...। वृद्धावस्था तक भी उनके चेहरे पर वैसी ही ताजगी बनी रही जैसी बनी रहनी चाहिए। वे सुंदर से सुंदरतर होते गए थे...। मैं उनके चेहरे पर आते-जाते भाव पढ़ने लगा। उन्हें अड़चन भी हुई थी। कुछ नाम, जो स्वभावतः होने चाहिए थे, नहीं थे। राम का नाम नहीं था! उन्होंने आंख खोली और मुझसे कहा : राम का नाम छोड़ दिया है आपने! मैंने कहा : मुझे बारह की ही सुविधा हो चुनने की, तो बहुत नाम छोड़ने पड़े। फिर मैंने बारह नाम ऐसे चुने हैं जिनकी कुछ मौलिक देन है। राम की कोई मौलिक देन नहीं है, कृष्ण की मौलिक देन है। इसलिए हिंदुओं ने भी उन्हें पूर्णावतार नहीं कहा।

उन्होंने फिर मुझसे पूछा : तो फिर ऐसा करें, सात नाम मुझे दें। अब बात और कठिन हो गई थी। मैंने उन्हें सात नाम दिए : कृष्ण, पतंजलि, बुद्ध, महावीर, शंकर, गोरख, कबीर। उन्होंने कहा, आपने जो पांच छोड़े, अब किस आधार पर छोड़े हैं? मैंने कहा : नागार्जुन बुद्ध में समाहित हैं। जो बुद्ध में बीज-रूप था, उसी को नागार्जुन ने प्रगट किया है। नागार्जुन छोड़े जा सकते हैं। और जब बचाने की बात हो तो वृक्ष छोड़े जा सकते हैं, बीज नहीं छोड़े जा सकते। क्योंकि बीजों से फिर वृक्ष हो जाएंगे, नए वृक्ष हो जाएंगे। जहां बुद्ध पैदा होंगे वहां सैकड़ों नागार्जुन पैदा हो जाएंगे, लेकिन कोई नागार्जुन बुद्ध को पैदा नहीं कर सकता। बुद्ध तो गंगोत्री हैं, नागार्जुन तो फिर गंगा के रास्ते पर आए हुए एक तीर्थस्थल हैं—प्यारे! मगर अगर छोड़ना हो तो तीर्थस्थल छोड़े जा सकते हैं, गंगोत्री नहीं छोड़ी जा सकती।

ऐसे ही कृष्णमूर्ति भी बुद्ध में समा जाते हैं। कृष्णमूर्ति बुद्ध का नवीनतम संस्करण है—नूतनतम, आज की भाषा में। पर भाषा का ही भेद है। बुद्ध का जो परम सूत्र था—अप्प दीपो भव—कृष्णमूर्ति

बस उसकी ही व्याख्या है। एक सूत्र की व्याख्या—गहन, गंभीर, अति विस्तीर्ण, अति महत्वपूर्ण! पर अपने दीपक स्वयं बनो, अप्प दीपो भव—इसकी ही व्याख्या हैं। यह बुद्ध का अंतिम वचन था इस पृथ्वी पर। शरीर छोड़ने के पहले यह उन्होंने सार-सूत्र कहा था। जैसे सारे जीवन की संपदा को, सारे जीवन के अनुभव को इस एक छोटे-से सूत्र में समाहित कर दिया था।

रामकृष्ण, कृष्ण में सरलता से लीन हो जाते हैं। मीरा, नानक, कबीर में लीन हो जाते हैं; जैसे कबीर की ही शाखाएं हैं। जैसे कबीर में जो इकट्ठा था, वह आधा नानक में प्रगट हुआ है और आधा मीरा में। नानक में कबीर का पुरुष-रूप प्रगट हुआ है। इसलिए सिक्ख धर्म अगर क्षत्रिय का धर्म हो गया, योद्धा का, तो आश्चर्य नहीं है। मीरा में कबीर का स्त्रैण रूप प्रगट हुआ है—इसलिए सारा माधुर्य, सारी सुगंध, सारा सुवास, सारा संगीत, मीरा के पैरों में घुंघरू का पुरुष बनकर बजा है। मीरा के इकतारे पर कबीर की नारी गाई है; नानक में कबीर का पुरुष बोला है। दोनों कबीर में समाहित हो जाते हैं।

इस तरह, मैंने कहा : मैंने यह सात की सूची बनाई। अब उनकी उत्सुकता बहुत बढ़ गई थी। उन्होंने कहा : अगर पांच की सूची बनानी पड़े ? तो मैंने कहा : काम मेरे लिए कठिन हो जाएगा।

मैंने यह सूची उन्हें दी : कृष्ण, पतंजलि, बुद्ध, महावीर, गोरख।...क्योंकि कबीर को गोरख में लीन किया जा सकता है। गोरख मूल हैं। गोरख को नहीं छोड़ा जा सकता। और शंकर तो कृष्ण में सरलता से लीन हो जाते हैं। कृष्ण के ही एक अंग की व्याख्या है, कृष्ण के ही एक अंग का दार्शनिक विवेचन है।

तब तो वे बोले : बस, एक बार और...। अगर चार ही रखने हों ?

तो मैंने उन्हें सूची दी : कृष्ण, पतंजलि, बुद्ध, गोरख।...क्योंकि महावीर बुद्ध से बहुत भिन्न नहीं हैं, थोड़े ही भिन्न हैं। जरा-सा ही भेद है; वह भी अभिव्यक्ति का भेद है। बुद्ध की महिमा में महावीर की महिमा लीन हो सकती है।

वे कहने लगे : बस एक बार और...। आप तीन व्यक्ति चुनें।

मैंने कहा : अब असंभव है। अब इन चार में से मैं किसी को भी छोड़ न सकूंगा। फिर मैंने उन्हें कहा : चार दिशाएं हैं, ऐसे ही चार व्यक्तित्व हैं। जैसे काल और क्षेत्र के चार आयाम हैं, ऐसे ये चार आयाम हैं। जैसे परमात्मा की हमने चार भुजाएं सोची हैं, ऐसी ये चार भुजाएं हैं। ऐसे तो एक ही है, लेकिन उस एक की चार भुजाएं हैं। अब इनमें से कुछ छोड़ना तो हाथ काटने जैसा होगा। यह मैं न कर सकूंगा। अभी तक मैं आपकी बात मानकर चलता रहा संख्या कम करता चला गया। क्योंकि अभी तक जो अलग करना पड़ा, वह वस्त्र था; अब अंग तोड़ने पड़ेंगे। अंग-भंग मैं कर न सकूंगा। ऐसी हिंसा आप न करवाएं।

वे कहने लगे : कुछ प्रश्न उठ गए; एक तो यह, कि आप महावीर को छोड़ सके, गोरख को नहीं ?

गोरख को नहीं छोड़ सकता हूं क्योंकि गोरख से इस देश में एक नया ही सूत्रपात हुआ, महावीर से कोई नया सूत्रपात नहीं हुआ। वे अपूर्व पुरुष हैं; मगर जो सदियों से कहा गया था, उनके पहले जो तेईस जैन तीर्थंकर कह चुके थे, उसकी ही पुनरुक्ति हैं। वे किसी यात्रा का प्रारंभ नहीं है।

वे किसी नई शृंखला की पहली कड़ी नहीं हैं, बल्कि अंतिम कड़ी हैं।

गोरख एक शृंखला की पहली कड़ी हैं। उनसे एक नए प्रकार के धर्म का जन्म हुआ, आविर्भाव हुआ। गोरख के बिना न तो कबीर हो सकते हैं, न नानक हो सकते हैं, न दादू, न वाजिद, न फरीद, न मीरा—गोरख के बिना ये कोई भी न हो सकेंगे। इन सब के मौलिक आधार गोरख में हैं। फिर मंदिर बहुत ऊंचा उठा। मंदिर पर बड़े स्वर्ण-कलश चढ़े...। लेकिन नींव का पत्थर नींव का पत्थर है। और स्वर्ण-कलश दूर से दिखाई पड़ते हैं, लेकिन नींव के पत्थर से ज्यादा मूल्यवान नहीं हो सकते। और नींव के पत्थर किसी को दिखाई भी नहीं पड़ते, मगर उन्हीं पत्थरों पर टिकी होती है सारी व्यवस्था, सारी भित्तियां, सारे शिखर...। शिखरों की पूजा होती है, बुनियाद के पत्थरों को तो लोग भूल ही जाते हैं। ऐसे ही गोरख भी भूल गए हैं।

लेकिन भारत की सारी संत-परंपरा गोरख की ऋणी है। जैसे पतंजलि के बिना भारत में योग की कोई संभावना न रह जाएगी; जैसे बुद्ध के बिना ध्यान की आधारशिला उखड़ जाएगी; जैसे कृष्ण के बिना प्रेम की अभिव्यक्ति को मार्ग न मिलेगा—ऐसे गोरख के बिना उस परम सत्य को पाने के लिए विधियों की जो तलाश शुरू हुई, साधना की जो व्यवस्था बनी, वह न बन सकेगी। गोरख ने जितना आविष्कार किया मनुष्य के भीतर अंतर-खोज के लिए, उतना शायद किसी ने भी नहीं किया है। उन्होंने इतनी विधियां दीं कि अगर विधियों के हिसाब से सोचा जाए तो गोरख सबसे बड़े आविष्कारक हैं। इतने द्वार तोड़े मनुष्य के अंतरतम में जाने के लिए, इतने द्वार तोड़े कि लोग द्वारों में उलझ गए।

इसलिए हमारे पास एक शब्द चल पड़ा है—गोरख को तो लोग भूल गए—गोरखधंधा शब्द चल पड़ा है। उन्होंने इतनी विधियां दीं कि लोग उलझ गए कि कौन-सी ठीक, कौन-सी गलत, कौन-सी करें, कौन-सी छोड़ें...? उन्होंने इतने मार्ग दिए कि लोग किंकर्तव्यविमूढ़ हो गए, इसलिए गोरखधंधा शब्द बन गया। अब कोई किसी चीज में उलझा हो तो हम कहते हैं, क्या गोरखधंधे में उलझे हो!

गोरख के पास अपूर्व व्यक्तित्व था, जैसे आइंस्टीन के पास व्यक्तित्व था। जगत के सत्य को खोजने के लिए जो पैने से पैने उपाय अलबर्ट आइंस्टीन दे गया, उसके पहले किसी ने भी नहीं दिए थे। हां, अब उनका विकास हो सकेगा, अब उन पर और धार रखी जा सकेगी। मगर जो प्रथम काम था वह आइंस्टीन ने किया है। जो पीछे आएंगे वे नंबर दो होंगे। वे अब प्रथम नहीं हो सकते। राह पहली तो आइंस्टीन ने तोड़ी, अब इस राह को पक्का करनेवाले, मजबूत करनेवाले, मील के पत्थर लगानेवाले, सुंदर बनानेवाले, सुगम बनानेवाले बहुत लोग आएंगे। मगर आइंस्टीन की जगह अब कोई भी नहीं ले सकता। ऐसी ही घटना अंतरजगत में गोरख के साथ घटी।

लेकिन गोरख को लोग भूल क्यों गए? मील के पत्थर याद रह जाते हैं, राह तोड़नेवाले भूल जाते है। राह को सजानेवाले याद रह जाते हैं, राह को पहली बार तोड़नेवाले भूल जाते हैं। भूल जाते हैं इसलिए कि जो पीछे आते हैं उनको सुविधा होती है संवारने की। जो पहले आता है, वह तो अनगढ़ होता है, कच्चा होता है। गोरख जैसे खदान से निकले हीरे हैं। अगर गोरख और कबीर बैठे हों तो तुम कबीर से प्रभावित होओगे, गोरख से नहीं। क्योंकि गोरख तो खदान से निकले हीरे हैं;

और कबीर—जिन पर जौहरियों ने खूब मेहनत की, जिन पर खून छेनी चली है, जिनको खूब निखार दिया है।

यह तो तुम्हें पता है न कि कोहिनूर हीरा जब पहली दफा मिला तो जिस आदमी को मिला था उसे पता भी नहीं था कि कोहिनूर है। उसने बच्चों को खेलने के लिए दे दिया था, समझकर कि कोई रंगीन पत्थर है। गरीब आदमी था। उसके खेत से बहती हुई एक छोटी-सी नदी की धार में कोहिनूर मिला था। महीनों उसके घर में पड़ा रहा, कोहिनूर बच्चे खेलते रहे, फेंकते रहे इस कोने से उस कोने, आंगन में पड़ा रहा...।

तुम पहचान न पाते कोहिनूर को। कोहिनूर का मूल वजन, तीन गुना था आज के कोहिनूर से। फिर उस पर धार रखी गई, निखार किए गए, काटे गए, उसके पहलू उभारे गए। आज सिर्फ एक तिहाई वजन बचा है, लेकिन दाम करोड़ों गुना ज्यादा हो गए। वजन कम होता गया, दाम बढ़ते गए, क्योंकि निखार आता गया—और, और निखार...।

कबीर और गोरख साथ बैठे हों, तुम गोरख को शायद पहचानो ही न; क्योंकि गोरख तो अभी गोलकोंडा की खदान से निकले कोहिनूर हीरे हैं। कबीर पर बड़ी धार रखी जा चुकी, जौहरी मेहनत कर चुके। ...कबीर तुम्हें पहचान में आ जाएंगे।

इसलिए गोरख का नाम भूल गया है। बुनियाद के पत्थर भूल जाते हैं!

गोरख के वचन सुनकर तुम चौंकोगे। थोड़ी धार रखनी पड़ेगी; अनगढ़ हैं। वही धार रखने का काम मैं यहां कर रहा हूं। जरा तुम्हें पहचान आने लगेगी, तुम चमत्कृत होओगे। जो भी सार्थक है, गोरख ने कह दिया है। जो भी मूल्यवान है, कर दिया है।

तो मैंने सुमित्रानंदन पंत को कहा कि गोरख को न छोड़ सकूंगा। और इसलिए चार से और अब संख्या कम नहीं की जा सकती। उन्होंने सोचा होगा स्वभावतः कि मैं गोरख को छोड़ूंगा, महावीर को बचाऊंगा। महावीर कोहिनूर हैं, अभी कच्चे हीरे नहीं हैं खदान से निकले। एक पूरी परंपरा है तेईस तीर्थंकर की, हजारों साल की, जिसमें धार रखी है, पैने किए गए हैं—खूब समुज्ज्वल हो गए हैं! तुम देखते हो, चौबीसवें तीर्थंकर हैं महावीर; बाकी तेईस के नाम लोगों को भूल गए हैं! जो जैन नहीं हैं वे तो तेईस के नाम गिना ही न सकेंगे। और जो जैन हैं वे भी तेईस का नाम क्रमबद्ध रूप से न गिना सकेंगे, उनसे भी भूल-चूक हो जाएगी। महावीर तो अंतिम हैं—मंदिर के कलश याद रह जाते हैं। फिर उनकी चर्चा होती रहती है, बुनियाद के पत्थरों की कौन चर्चा करता है!

आज हम बुनियाद के एक पत्थर की बात शुरू करते हैं। इस पर पूरा भवन खड़ा है भारत के संत-साहित्य का! इस एक व्यक्ति पर सब दारोमदार है। इसने सब कह दिया है जो धीरे-धीरे बड़ा रंगीन हो जाएगा, बड़ा सुंदर हो जाएगा; जिस पर लोग सदियों तक साधना करेंगे, ध्यान करेंगे; जिसके द्वारा न मालूम कितने सिद्धपुरुष पैदा होंगे!

मरौ वे जोगी मरौ,

ऐसा अदभुत वचन है! कहते हैं : मर जाओ, मिट जाओ, बिलकुल मिट जाओ!

मरौ वे जोगी मरौ, मरौ मरन है मीठा।

क्योंकि मृत्यु से ज्यादा मीठी और कोई चीज इस जगत में नहीं है।

तिस मरणी मरौ...।

और ऐसी मृत्यु मरो,

जिस मरणी गोरष मरि दीठा।

जिस तरह से मरकर गोरख को दर्शन उपलब्ध हुआ, ऐसे ही तुम भी मर जाओ और दर्शन को उपलब्ध हो जाओ।

एक मृत्यु है जिससे हम परिचित हैं; जिसमें देह मरती है, मगर हमारा अहंकार और हमारा मन जीवित रह जाता है। वही अहंकार नए गर्भ लेता है। वही अहंकार नई वासनाओं से पीड़ित हुआ फिर यात्रा पर निकल जाता है। एक देह से छूटा नहीं कि दूसरी देह के लिए आतुर हो जाता है। तो यह मृत्यु तो वास्तविक मृत्यु नहीं है।

मैंने सुना है, एक आदमी ने गोरख से कहा कि मैं आत्महत्या करने की सोच रहा हूं। गोरख ने कहा : जाओ और करो, मैं तुमसे कहता हूं तुम करके बहुत चौंकोगे।

उस आदमी ने कहा : मतलब? मैं आया था कि आप समझाएंगे कि मत करो। मैं और साधुओं के पास भी गया। सभी ने समझाया कि भाई, ऐसा मत करो, आत्महत्या बड़ा पाप है।

गोरख ने कहा : पागल हुए हो, आत्महत्या कोई कर ही नहीं सकता। कोई मर ही नहीं सकता। मरना संभव नहीं है। मैं तुमसे कहे देता हूं, करो, करके बहुत चौंकोगे। करके पाओगे कि अरे, देह तो छूट गई, मैं तो वैसा हूं! और अगर असली आत्महत्या करनी हो तो फिर मेरे पास रुक जाओ। छोटा-मोटा खेल करना हो तो तुम्हारी मर्जी—कूद जाओ किसी पहाड़ी से, लगा दो गर्दन में फांसी। असली मरना हो तो रुक जाओ मेरे पास। मैं तुम्हें वह कला दूंगा जिससे महामृत्यु घटती है, फिर दुबारा आना न हो सकेगा। लेकिन वह महामृत्यु भी सिर्फ हमें महामृत्यु मालूम होती है, इसलिए उसको मीठा कह रहे हैं।

मरौ वे जोगी मरौ, मरौ मरन है मीठा।
तिस मरणी मरौ, जिस मरणी गोरष मरि दीठा।

ऐसी मृत्यु तुम्हें सिखाता हूं, गोरख कहते हैं, जिस मृत्यु से गुजर कर मैं जागा। सोने की मृत्यु हुई है, मेरी नहीं। अहंकार मरा, मैं नहीं। द्वैत मरा, मैं नहीं। द्वैत मरा तो अद्वैत का जन्म हुआ। समय मरा तो शाश्वतता मिली। वह जो क्षुद्र-सीमित जीवन था, टूटा, तो बूंद सागर हो गई। हां, निश्चित ही जब बूंद सागर में गिरती है तो एक अर्थ में मर जाती है, बूंद की तरह मर जाती है। और एक अर्थ में पहली बार महाजीवन उपलब्ध होता है—सागर की भांति जीती है!

रहीम का वचन है :

बिंदु भी सिंधु समान, को अचरज कासों कहें,
हेरनहार हैरान, रहिमन अपने आपने!

रहीम कहते हैं : बिंदु भी सिंधु के समान है। को अचरज कासों कहें! किससे कहें, कौन मानेगा! बात इतनी विस्मयकारी है, कौन स्वीकार करेगा कि बिंदु और सिंधु के समान है! कि बूंद सागर है! कि अणु में परमात्मा विराजमान है! कि क्षुद्र यहां कुछ भी नहीं है! कि सभी में विराट समाविष्ट है!

बिंदु भी सिंधु समान, को अचरज कासों कहें।

ऐसे अचरज की बात है, किसी से कहो, कोई मानता नहीं। अचरज की बात ऐसी है. जब पहली दफा खुद भी जाना था मानने का मन न हुआ था!

हेरनहार हैरान...!

जब पहली दफा खुद देखा था तो मैं खुद ही हैरान रह गया था।

हेरनहार हैरान, रहिमन अपने आपने।

देखता था खुद को और हैरान होता था। क्योंकि मैंने तो सदा यही जाना था कि क्षुद्र हूं। लेकिन स्वयं का विराट तभी अनुभव में आता है जब क्षुद्र की सीमाएं कोई तोड़ देता है; क्षुद्र का अतिक्रमण करता है जब कोई।

अहंकार होकर तुमने कुछ कमाया नहीं, गंवाया है। अहकार निर्मित करके तुमने कुछ पाया नहीं, सब खोया है। बूंद रह गए हो, बड़ी छोटी बूंद रह गए हो। जितने अकड़ते हो उतने छोटे होते जाते हो। अकड़ना और-और अहंकार को मजबूत करता है। जितने गलोगे उतने बड़े हो जाओगे, जितने पिघलोगे उतने बड़े हो जाओगे। अगर बिलकुल पिघल जाओ, वाष्पीभूत हो जाओ तो सारा आकाश तुम्हारा है। गिरो सागर में तो तुम सागर हो जाओ। उठो आकाश में वाष्पीभूत होकर, तो तुम आकाश हो जाओ। तुम्हारा होना और परमात्मा का होना एक ही है।

बिंदु भी सिंधु समान, को अचरज कासों कहें।

लेकिन जब पहली दफे तुम्हें भी अनुभव होगा, तुम भी एकदम गूंगे हो जाओगे... गूंगे केरी सरकरा...अनुभव होने लगेगा, स्वाद तो आने लगेगा, अमृत तो भीतर झरने लगेगा कंठ में, मगर कहने के लिए शब्द न मिलेंगे। को अचरज कासों कहें! कैसे कहें बात इतने अचरज की है? जिन्होंने हिम्मत करके कहा अहं ब्रह्मास्मि, सोचते हो कोई मानता है?

मंसूर ने कहा : अनलहक, कि मैं परमात्मा हूं। सूली पर चढ़ा दिया लोगों ने। जीसस को मार डाला, क्योंकि जीसस ने यह कहा कि वह जो आकाश में है मेरा पिता और मैं, हम दोनों एक ही हैं। पिता और बेटा दो नहीं हैं। यहूदी क्षमा न कर सके। जब भी किसी ने घोषणा की है भगवत्ता की, तभी लोग क्षमा नहीं कर सके। बात ही ऐसी है। को अचरज कासों कहें! किससे कहने जाओ? जिससे कहोगे वही इनकार करने लगेगा।

कल गुरुकुल कांगड़ी के भूतपूर्व उपकुलपति सत्यव्रत का आश्रम में आना हुआ। दर्शन उन्हें आश्रम दिखाने ले गई। सत्यव्रत ने उपनिषद पर किताबें लिखी हैं। वेदों के ज्ञाता हैं। इस देश में कुछ थोड़े ही लोग वेद को इतनी गहराई से जानते होंगे जैसा सत्यव्रत जानते हैं। उनके वक्तव्य, उनके विचार मैंने पढ़े हैं। मगर उनका भी प्रश्न दर्शन से यही था कि आप अपने गुरु को भगवान क्यों

कहती हैं? उनका भी ...! ऐसे हमारे पंडित में और अज्ञानी में जरा भी भेद नहीं है। दर्शन ने ठीक उत्तर दिया उन्हें। दर्शन ने कहा : भगवान तो आप भी हैं, मगर आपको इसका स्मरण नहीं है और उन्हें स्मरण आ गया है। मुंहतोड़ जवाब था, दो टूक जवाब था! और पंडित जब कोई इस आश्रम में आए तो ध्यान रखना, ऐसा ही ठीक-ठीक जवाब देना। उपनिषद पर किताबें लिखी हैं सत्यव्रत ने, जरूर 'अहं ब्रह्मास्मि' शब्द के करीब आए होंगे; ऐसा कौन है जो नहीं आया है! जरूर यह महावाक्य सोचा होगा, विचारा होगा : तत्वमसि श्वेतकेतु, तू वही है। और इस पर विवेचन भी किया होगा। इस पर व्याख्यान भी दिए होंगे। लेकिन यह बात ऊपर-ऊपर गुजर गई। इससे तो सीधी-सीधी दर्शन में ज्यादा गहरी उतर गई! यह पांडित्य ही रहा, थोथा, कचरे जैसा। इसका कोई मूल्य नहीं; दो कौड़ी इसका मूल्य नहीं।

उपनिषद कहते हैं कि तुम वही हो। और उपनिषद कहते हैं : मै ब्रह्म हू। फिर भी पूछे चले जा रहे हो क्यों किसी को भगवान कहें? मैं तुमसे पूछता हूं, ऐसा कौन है जिसको भगवान न कहें?

रामकृष्ण से किसी ने पूछा : भगवान कहां है? तो रामकृष्ण ने कहा : यह मत पूछो, यह पूछो कि कहां नहीं है?

नानक को काबा के पुरोहितों ने कहा : पैर हटा लो काबा की तरफ से। शर्म नहीं आती, साधु होकर पवित्र मंदिर की तरफ पैर किए हो?

नानक ने कहा : मेरे तुम पैर उस तरफ हटा दो जिस तरफ पवित्र परमात्मा न हो! मैं क्या करूं, कहां पैर रखूं? किसी तरफ तो पैर रखूंगा, लेकिन वह तो सब तरफ मौजूद है। सभी दिशाओं को उसी ने घेरा है। लेकिन मुझे चिंता नहीं होती, नानक ने कहा, क्योंकि वही बाहर है, वही भीतर है। उसका ही पत्थर है, उसके ही पैर हैं। मैं भी क्या करूं? मैं बीच में कौन हूं?

दर्शन ने ठीक कहा कि जाग जाएंगे तो आपको भी पता चलेगा कि भगवान ही विराजमान है। इससे ही मैं चकित होता हूं कि जिनको हम तथाकथित ज्ञानी कहते हैं... और यही ज्ञानी लोगों को चलाते हैं! अंधा अंधा ठेलिया, दोनों कूप पड़ंत। बड़ी-बड़ी उपाधियां हैं—स्वयं में उतरकर जाने जाते हैं।

बिंदु भी सिंधु समान, को अचरज कासों कहें,
हेरनहार हैरान, रहिमन अपने आपने।

रहीम कहते हैं : अपने भीतर देखा तो मैं खुद ही हैरान रह गया हू, चकित, अवाक! खुद भी भरोसा नहीं आ रहा है कि मैं और परमात्मा! यह जो उठ रही है वाणी भीतर से, अनलहक का नाद उठ रहा है, यह जो अहं ब्रह्मास्मि की गूंज आ रही है, यह जो ओंकार जग रहा है—मुझे ही भरोसा नहीं आता कि मैं, रहीम मैं, मेरे जैसा क्षुद्र, साधारण आदमी... मैं और भगवान! बिंदु भी सिंधु समान! अब मैं किससे कहू, खुद ही भरोसा नहीं आता तो किससे कहूं?

इसका ही तुम्हें भरोसा दिलाने को यहां हूं। यह भरोसा आ जाए जो समझना सत्संग हुआ। मेरे पास बैठ-बैठ कर सिद्धांत-अलंकार मत बन जाना! सिद्ध बनो, इससे कम में कुछ भी न होगा। इससे कम का कोई मूल्य नहीं है। मरने की कला सीखो। मरो हे जोगी मरो! बूंद की तरह मरो तो

समुंदर की तरह हो जाओ। मृत्यु की कला ही महाजीवन को पाने की कला है।

बसती न सुन्यं सुन्यं न बसती अगम अगोचर ऐसा।
गगन सिषर महिं बालक बोले ताका नांव धरहुगे कैसा।।

बसती न सुन्य...।

न तो हम कह सकते हैं परमात्मा है और न कह सकते हैं नहीं है। सोचना, विचारना। परमात्मा नहीं और है, दोनों का जोड़ है, इसलिए दोनों के पार है। न तो आस्तिक जानता है उसे, न नास्तिक जानता है उसे। न तो आस्तिक धार्मिक है, न नास्तिक। स्वभावतः, नास्तिक तो धार्मिक है ही नहीं; तुम जिसे आस्तिक कहते हो वह भी धार्मिक नहीं है। तुम्हारे आस्तिक और नास्तिक एक ही सिक्के के दो पहलू हैं। आस्तिक कहता है—है; नास्तिक कहता है—नहीं है। दोनों ने आधा-आधा चुना है। परमात्मा है और नहीं है, दोनों साथ-साथ, एक साथ, युगपत। उसके होने का ढंग नहीं होने का ढंग है। उसकी पूर्णता शून्य की पूर्णता है। उसकी उपस्थिति अनुपस्थिति जैसी है। परमात्मा में सारे विरोध, सारे विरोधाभास समाहित होते हैं। और यह सबसे बुनियादी विरोध है : है, या नहीं; अगर कहो है, तो आधा ही रह जाएगा। फिर सब चीजें नहीं हो जाती हैं तो कहा जाती हैं? नहीं होकर भी तो कहीं होती होंगी। नहीं होकर भी तो कहीं बनी रहती होंगी।

एक वृक्ष है, बड़ा वृक्ष है! उस पर एक बीज लगा है। वृक्ष मर जाएगा, अब तुम बीज को बो दो, फिर वृक्ष हो जाएगा। बीज क्या था? वृक्ष का नहीं होना था, वृक्ष का नहीं रूप था। अगर तुम बीज को तोड़ते और खोजते तो वृक्ष तुम्हें मिलनेवाला नहीं था। तुम कितनी ही खोज करो, बीज में वृक्ष नहीं मिलेगा, वृक्ष कहां गया? लेकिन किसी-न-किसी अर्थ में बीज में वृक्ष छिपा है। अब अनुपस्थित होकर छिपा है। जब उपस्थित होकर प्रगट हुआ था, अब अनुपस्थित होकर छिपा है। बीज को फिर बो दो जमीन में, फिर सम्यक सुविधा जुटा दो, फिर वृक्ष हो जाएगा। और ध्यान रखना, जब वृक्ष होगा तो बीज खो जाएगा; दोनों साथ नहीं होंगे। वृक्ष खोता है, बीज हो जाता है; बीज खोता है, वृक्ष हो जाता है। ये एक ही सिक्के के दो पहलू हैं। तुम दोनों पहलू एक साथ नहीं देख सकते या कि देख सकते हो?

तुम कोशिश करना, सिक्का तो छोटी-सी चीज है, हाथ में रखा जा सकता है। दोनों पहलू पूरे-पूरे एक साथ देखने की कोशिश करना। तुम मुश्किल में पड़ जाओगे। जब एक पहलू देखोगे, दूसरा नहीं दिखाई पड़ेगा; जब दूसरा देखोगे, पहला खो जाएगा। लेकिन पहले के खो जाने से क्या तुम कहोगे कि नहीं है?

सृष्टि भी परमात्मा का रूप है, प्रलय भी। उसका एक रूप है अभिव्यक्ति और एक रूप है अनभिव्यक्ति। जब तुम तार छेड़ देते हो वीणा के, संगीत जगता है। अभी-अभी कहां था, क्षण-भर पहले कहां था? शून्य में था। था तो जरूर; न होता पैदा नहीं हो सकता। छिपा पड़ा था, किसी गहन गुफा में। तुमने तार क्या छेड़े, पुकार दे दी। तुमने तार छेड़कर प्रेरणा दे दी। गीत तो सोया पड़ा था, जाग उठा। संगीतज्ञ स्वर पैदा नहीं करता, सिर्फ जगाता है—सोए को जगाता है। कौन स्वर पैदा करेगा? स्वर पेदा करने का कोई उपाय नहीं है।

इस जगत में न तो कोई चीज बनाई जा सकती है और मिटाई जा सकती है। अब तो विज्ञान भी इस बात से सहमत है। तुम रेत के एक छोटे से कण को भी मिटा नहीं सकते और न बना सकते हो। न तो कुछ बनाया जा सकता है, न कुछ घटाया जा सकता है। जगत उतना ही है जितना है, लेकिन फिर भी चीजें बनती और मिटती हैं। तो इसका अर्थ हुआ, जैसे पर्दे के पीछे चले जाते हैं रामलीला के खेल करनेवाले लोग, फिर पर्दे के बाहर आ जाते हैं। पर्दा उठा और पर्दा गिरा। वृक्ष विदा हो गया, पर्दा गिर गया। वृक्ष की ओट चला गया, बीज हो गया। पर्दा उठा, बीज फिर वृक्ष हुआ।

जब तुम एक व्यक्ति को मरते देखते हो तो तुम क्या देख रहे हो? परमात्मा का 'नहीं' रूप अभी था, अब नहीं है। तो जो था वही नहीं हो जाता है, और जो 'नहीं' है वह फिर 'है' हो जाएगा। आस्तिक भी आधे को चुनता है, नास्तिक भी आधे को चुनता है। दोनों में कुछ फर्क नहीं। तराजू के एक-एक पलड़े को चुन लिया है दोनों ने। दोनों ने तराजू तोड़ डाला है। तराजू के दोनों पलडे चाहिए। तराजू दोनों पलड़ों का जोड़ है और जोड़ से कुछ ज्यादा भी नहीं है। परमात्मा है और नहीं का जोड़ है और दोनों से कुछ ज्यादा भी है।

आस्तिक भी भयभीत है, नास्तिक भी भयभीत है। तुम आस्तिक और नास्तिक के भय को अगर समझोगे तो तुम्हें बड़ी हैरानी की बात पता चलेगी कि दोनों में जरा भी भेद नहीं है: दोनों की बुनियादी आधारशिला भय है। आस्तिक भयभीत है कि पता नहीं करने के बाद क्या हो, पता नहीं जन्म के पहले क्या था! पता नहीं, अकेला रह जाऊंगा, पत्नी छूट जाएगी, मित्र छूट जाएंगे, पिता छूट जाएंगे, मां छूट जाएगी, परिवार छूट जाएगा। सब बसाया था, सब छूट जाएगा! अकेला रह जाऊंगा निर्जन की यात्रा पर! कौन मेरा संगी, कौन मेरा साथी। परमात्मा को मान लो, उसका भरोसा साथ देगा। वह तो साथ होगा!

आस्तिक भी डर के कारण परमात्मा को मान रहा है। मंदिर-मस्जिदों में जो लोग झुके हैं घुटनों के बल और प्रार्थना कर रहे हैं, उनकी प्रार्थनाएं भय से निकल रही हैं। और जब भी प्रार्थना भय से निकलती है, गंदी हो जाती है। तुम्हारी प्रार्थना के कारण मंदिर भी गंदे हो गए हैं। तुम्हारी प्रार्थनाओं की गंदगी के कारण मंदिर भी राजनीति के अड्डे हो गए हैं। वहां भी लड़ाई-झगड़ा है हिंसा-वैमनस्य है, प्रतिस्पर्धा है। मंदिर और मस्जिद सिवाय लड़ने के और कोई काम करते ही नहीं हैं।

आस्तिक भयभीत है। नास्तिक भी, मैं कहता हूं, भयभीत है, तो तुम थोड़ा चौंकोगे। क्योंकि आमतौर से लोग सोचते हैं कि नास्तिक भयभीत होता तो परमात्मा को मान लेता। लोग कोशिश करके हार चुके हैं उसे डरा-डरा कर, उसको डरवाते हैं नर्क से। वहां के बड़े दृश्य खींचते हैं—बड़े विहंगम दृश्य! बिलकुल तस्वीर खड़ी कर देते हैं नरक की—आग की लपटें, जलते हुए कड़ाहे, वीभत्स शैतान! सताएंगे बुरी तरह, मारेंगे बुरी तरह, आग में जलाएंगे बुरी तरह। इतना डरवाते हैं, फिर भी नास्तिक मानता नहीं है ईश्वर को, तो लोग सोचते हैं शायद नास्तिक बहुत निर्भय है। बात गलत है।

जो मनस की खोज में गहरे जाएंगे वे पाएंगे कि नास्तिक भी ईश्वर को इसलिए इनकार कर

रहा है कि वह भयभीत है। उसका इनकार भय से ही निकल रहा है। अगर ईश्वर है तो वह डरता है। तो फिर नर्क भी होगा। तो फिर स्वर्ग भी होगा। तो फिर पाप भी होगा, पुण्य भी होगा। अगर ईश्वर है तो फिर किसी दिन जवाब भी देना होगा। अगर ईश्वर है तो फिर कोई आंख हमें देख रही है; कोई हमें परख रहा है; कहीं हमारे जीवन का लेखा-जोखा रखा जा रहा है और हम किसी के सामने उत्तरदायी हैं और हम ऐसे ही बच न निकलेंगे। अगर ईश्वर है तो फिर हमें अपने को बदलना पड़ेगा। फिर हमें इस ढंग से जीना होगा कि हम उसके सामने सिर उठाकर खड़े हो सकें।

और अगर ईश्वर है तो एक और घबराहट पकड़ती है, नास्तिक को। अगर ईश्वर है तो मुझे खोजना होगा, जीवन दांव पर लागना होगा। यह सस्ता सौदा नहीं है। अच्छा यही हो कि ईश्वर न हो, तो छुटकारा हुआ। ईश्वर के साथ ही छुटकारा हो गया—स्वर्ग से भी, नर्क से भी। न नर्क का डर रहा, न स्वर्ग खोने का डर रहा। न यह भय रहा कि जो मंदिर में पूजा कर रहे हैं ये स्वर्ग चले जाएंगे। हैं ही नहीं; कौन स्वर्ग गया है, कौन जाएगा, कहां जाएगा! आदमी बचता ही नहीं मरने के बाद, इसलिए कैसा पुण्य; कैसा पाप!

चार्वाकों ने, जो कि नास्तिक परंपरा के मूलस्रोत हैं, उन्होंने कहा : फिक्र मत करो, ऋणं कृत्वा घृतं पिवेत। पियो, अगर ऋण लेकर भी घी पीना पड़े तो पीयो, बेफिक्र से पीयो। चुकाने की चिंता ही मत करो। कौन लेना, कौन देना! मर गए, सब पड़ा रह जाएगा—तुम्हारा भी और उसका भी। और पीछे कुछ बचता ही नहीं है। जब कोई बचता ही नहीं है तो भय क्या? फिर पाप करना है पाप करो, बुरा करना है बुरा करो, जैसे जीना हो मौज से जीयो। दो दिन की जिंदगी है, ठाठ से जीयो, फिक्र छोड़ो। दूसरे को चोट भी पहुंचती हो, दूसरे की हिंसा भी होती हो तो चिंता न लो। कैसी हिंसा, कैसी चोट! सब पुरोहितों का जाल है तुम्हें डरवाने के लिए।

मगर, अगर हम चार्वाक-चित्त के भीतर प्रवेश करें तो वही डर है। वह परमात्मा को इनकार कर रहा है डर के कारण।

तुमने खयाल किया, अनेक लोग हैं, जो भूत-प्रेत को इनकार करते हैं, सिर्फ डर के कारण! तुम्हारा उनसे परिचय होगा... कि नहीं-नहीं, कोई भूत-प्रेत नहीं। लेकिन जब वे कहते हैं, नहीं-नहीं कोई भूत-प्रेत नहीं, जरा उनके चेहरे पर गौर करो।

एक महिला एक बार मेरे घर मेहमान हुई। उसे ईश्वर में भरोसा नहीं; वह कहे, ईश्वर है ही नहीं। मैंने कहा : छोड़ ईश्वर को, भूत-प्रेत को मानती है? उसने कहा : बिलकुल नहीं! सब बकवास है।

मैंने कहा : तू ठीक से सोच ले। क्योंकि आज मैं हूं, तू है और यह घर है। भगवान को तो मैं नहीं कि सकता कि तुझे प्रत्यक्ष करवा सकता हूं, लेकिन भूत-प्रेत का करवा सकता हूं।

उसने कहा : आप भी कहां की बातें कर रहें हैं, भूत-प्रेत होते ही नहीं! लेकिन मैं देखने लगा, वह घबडाने लगी। वह इधर-उधर देखने लगी। रात गहरने लगी।

मैंने कहा : फिर ठीक है। मैं तुझे बताए देता हूं।

उसने कहा : मैं मानती ही नहीं, आप क्या मुझे बताएंगे? मैं बिलकुल नहीं मानती।

मैंने कहा : मानने न मानने का सवाल नहीं है। यह घर जिस जगह बना है, यहां कभी एक

धोबी रहता था। पहले महायुद्ध के समय। उसकी नई-नई शादी हुई। बडी प्यारी दुल्हन घर आई। और सब तो सुंदर था दुल्हन का, एक ही खराबी थी कि कानी थी। गोरी थी बहुत, सब अंग सुडौल थे, बस एक आंख नहीं थी।

उसका चित्र मैंने खींचा। . . .धोबी को युद्ध पर जाना पड़ा। पहले ही महायुद्ध में भरती कर लिया गया। चिट्ठियां आती रहीं——अब आता हूं, तब आता हूं। और धोबिन प्रतीक्षा करती रही, करती रही, करती रही; वह कभी आया नहीं। वह मारा गया युद्ध में। धोबिन उसकी प्रतीक्षा करते-करते मर गई और प्रेत हो गई। और अभी इसी मकान में रहती है और प्रतीक्षा करती है कि शायद धोबी लौट आए। एक ही उसकी आंख है, गोरी-चिट्टी औरत है, काले लंबे बाल हैं। लाल रंग की साड़ी पहनती है।

वह मुझसे कहे : मैं मानती ही नहीं। मगर मैं देखने लगा कि वह घबड़ाकर इधर-उधर देखने लगी। मैंने कहा : मैं तुझे इसलिए कह रहा हूं कि तू पहली दफे नई इस घर में रुक रही है आज रात। इस घर में जब भी कोई नया आदमी रुकता है तो वह धोबिन रात आकर उसकी चादर उघाड़कर देखती है कि कहीं धोबी लौट तो नहीं आया?

तो उसके चेहरे पर पीलापन आने लगा। उसने कहा : आप क्या बातें कह रहे हैं? आप जैसा बुद्धिमान आदमी भूत-प्रेत को मानता है।

मैंने कहा : मानने का सवाल ही नहीं है, लेकिन तुझे चेताना भी जरूरी है, नहीं तो डर जाएगी ज्यादा। अब तेरे को मैंने बता दिया है, अगर कोई कानी औरत, गोरी-चिट्टी, लाल साड़ी में तेरी चादर हटा दे तो तू घबड़ाना मत, वह नुकसान किसी का भी नहीं करती, चादर पटक कर पैर पटकती हुई वापस चली जाती है। और एक लक्षण और उसका मैं बता दूं।

जिनके घर में उन दिनों मेहमान था, उनको रात दांत पीसने की आदत है। रात में वे कोई दस-पाच दफा दांत पीसने लगते हैं। तो मैंने कहा, उस औरत की एक आदत और तुझे बता दूं, जब वह आएगी कमरे में तो दांत पीसती हुई आती है। स्वभावतः, कितनी प्रतीक्षा करे? जमाने बीत गए। उस औरत का प्रेम है, क्रोध से भरी आती है। धोबी धोखा दे गया, अब तक नहीं आया। तो वह दांत पीसती है, तुझे दांत पीसने की आवाज सुनाई पड़ेगी पहले।

उसने कहा : आप क्या बातें कर रहे हैं? मैं मानती ही नहीं। आप बंद करें यह बातचीत। आप व्यर्थ मुझे डरा रहे हैं।

मैंने कहा : तू अगर मानती ही नहीं तो डरने का कोई सवाल ही नहीं। ऐसी बात चलती रही और बारह बज गए। तब मैंने उसको कहा : अब तू जा, कमरे में सो जा। वह कमरे में गई। संयोग की बात वह कमरे में लेटी कि उन सज्जन ने दांत पीसे। वह बगल में सो रहे थे। मुझे पक्का भरोसा ही था, उन पर आश्वासन किया जा सकता है। दस दफे तो वे पीसते ही हैं रात में कम-से-कम। वे पीसेंगे कभी-न-कभी। वह जाकर बिस्तर पर बैठी, प्रकाश बुझाया और उन्होंने दांत पीसे। चीख मार दी उसने। मैं भागा पहुंचा, प्रकाश जलाया, वह तो बेहोश पड़ी है और कोने की तरफ मुझे बता रही है——वह खड़ी है! उसको मैंने लाख समझाया कि कोई भूत-प्रेत नहीं होता। उसने कहा : अब मैं मान ही नहीं सकती, होते कैसे नहीं? वह सामने खड़ी है. . .। और जो आपने कहा था——एक

आंख, गोरा-चिट्टा रूप, काले बाल, लाल साड़ी और दांत पीस रही है...।

रात-भर परेशान होना पड़ा मुझे, क्योंकि वह न सोए न सोने दे। वह कहे : अब मैं सो नहीं सकती। अब मैं सोऊंगी, वह फिर आएगी। और आप कहते हैं चादर उठाएगी, इतने पास आ जाएगी? मैं उसको कहूं कि कहीं भूत-प्रेत होते हैं? सब कल्पना में, मैं तो कहानी कह रहा था तेरे से। तुझे सिर्फ...।

उसको तो रात बुखार आ गया! रात को डॉक्टर बुलाना पड़ा। और जिनके घर मैं मेहमान था वे कहने लगे कि आप भी फिजूल के उपद्रव खड़े कर लेते है। वह महिला दूसरे दिन सुबह चली गई। फिर कभी नहीं आई। उसको मैंने कई दफे खबर भिजवाई कि भई, कभी तो आओ। वह कहे कि उस घर में पैर नहीं रख सकती हूं। मैं उसको समझाऊ, कहीं भूत-प्रेत होते हैं? वह कहे : आप छोड़ो यह बात, किसको समझा रहे हैं? मुझे खुद अनुभव हो गया।

खयाल करना, अक्सर ऐसा हो जाता है कि तुम जिस चीज से डरते हो उसको इनकार करते हो। इनकार इसीलिए करते हो, ताकि तुम्हें यह भी याद न रहे कि मैं डरता हूं। है नहीं तो डरना क्या?

आस्तिक और नास्तिक में जरा भी भेद नहीं है। एक विधायक रूप से भयभीत है, एक नकारात्मक रूप से भयभीत है, बस। ऋण और धन का फर्क है, मगर भय दोनों का है। नास्तिक डर के कारण कह रहा है ईश्वर नहीं है। क्योंकि ईश्वर को मानना तो फिर उसके पीछे और बहुत कुछ मानना पड़ता है, जो उसे कंपाता है। आस्तिक कह रहा है ईश्वर है; विधायक रूप से भयभीत है। वह कह रहा है, ईश्वर है; अगर मैं उसको न मानूं, उसकी स्तुति न करूं, प्रार्थना-पूजा न करूं, उसको मनाऊं न, तो सताया जाऊंगा।

धार्मिक व्यक्ति कहता है : ईश्वर के दोनों रूप हैं। ईश्वर आस्तिक और नास्तिक दोनों की धारणाओं और विश्वासों के पार है...।

बसती न सुन्य...।

न तो वह है ऐसा कह सकते; न कह सकते नहीं है।

सुन्यं न बसती...।

न कह सकते हैं कि शून्य है, न कह सकते हैं कि पूर्ण है।

...अगम अगोचर ऐसा।

ऐसा अगम्य है। हमारा कोई शब्द उसको माप नहीं सकता। हमारे शब्द छोटी-छोटी चाय की चम्मचों जैसे हैं, वह सागर जैसा है! इन चाय की चम्मचों में सागर को नहीं भरा जा सकता और न सागर को नापा जा सकता है। हमारे सब माप बड़े छोटे हैं। हमारी सामर्थ्य बडी छोटी है। उसका विस्तार अनंत है। वह असीम है।

अगम अगोचर ऐसा...।
रहिमन बात अगम्य की, कहनि सुननि की नाहिं
जे जानति ते कहति नहिं, कहत ते जानति नाहिं।
रहिमन बात अगम्य की...।

वह इतना अगम्य है! अगम्य शब्द का अर्थ समझना। अगम्य का अर्थ होता है : जिसकी हम थाह न पा सकें, अथाह। लाख करें उपाय और थाह न पा सकें। क्योंकि उसकी थाह है ही नहीं। और जो उसकी थाह लेने गए हैं, वे धीरे-धीरे उसी में लीन हो गए हैं।

कहते हैं, दो नमक के पुतले एक बार सागर की थाह लेने गए थे। छलांग लगा दी सागर में। भीड़ इकट्ठी हो गई थी। मेला भरा था सागर के तट पर, सारे लोग आ गए थे। फिर दिनों तक प्रतीक्षा होती रही; फिर मेला धीरे-धीरे उजड़ भी गया, वे नमक के पुतले न लौटे सो न लौटे। नमक के पुतलों को थाह भी न मिली और खुद भी मिट गए।

हेरत हेरत हे सखी, रहा कबीर हिराइ।

गए थे खोजने, खो गए! नमक के पुतले सागर की खोज में जाएंगे, कब तक बचेंगे? गल गए होंगे। सागर के हिस्से थे, इसलिए नमक के पुतले का खयाल है। हम भी नमक के पुतले हैं, वह सागर है; उसे खोजने जाएंगे, खो जाएंगे।

अगम्य का अर्थ होता है : सिर्फ अज्ञात नहीं, क्योंकि अज्ञात वह है जो कभी ज्ञात हो जाएगा। आज जो ज्ञात हो गया है, कभी अज्ञात था। चांद पर आदमी नहीं चला था, अब आदमी चल लिया। अभी तक चांद अज्ञात था, अब ज्ञात हो गया। हमें अणु का रहस्य पता नहीं था, अब पता हो गया।

परमात्मा अज्ञात नहीं है, यही धर्म और विज्ञान का भेद है। धर्म कहता है : जगत में तीन तरह की बातें हैं—ज्ञात, जो जान लिया गया; अज्ञात, जो जान लिया जाएगा; और अज्ञेय, जो न जाना गया है और न जाना जाएगा। विज्ञान कहता है : जगत में सिर्फ दो ही चीजें हैं—ज्ञात और अज्ञात। विज्ञान दो हिस्सों में बांटता है जगत को—जो जान लिया गया और जो जान लिया जाएगा। बस उस एक अज्ञेय शब्द में ही धर्म का सारा सार छुपा है। कुछ ऐसा भी है जो न जाना गया और न जाना जाएगा। क्योंकि उसका राज यह है कि उसे खोजनेवाला खो जाता है उसमें।

रहिमन बात अगम्य की, कहनि सुननि की नाहिं।

और जब खोजनेवाला ही खो गया तो कौन कहे, क्या कहे, कैसे कहे? सब शब्द बड़े छोटे हैं, बड़े ओछे हैं। तुम जीवन में भी अनुभव करते हो तो पाओगे : उठे सुबह-सुबह, बगीचे में सूरज उगने लगा, वृक्ष जगने लगे। धरती की सौंधी-सौंधी सुगंध उठने लगी। अभी-अभी वर्षा हुई होगी। घास के पत्तों पर ओस की बूंदें मोतियों जैसे चमकने लगीं। पक्षी गीत गाने लगे। कोई मोर नाचा, कोई कोयल कूकी। फूल खिले, कमलों ने अपनी पंखुड़ियां खोल दीं। यह सब तुम देख रहे हो। यह अगोचर भी नहीं है, गोचर है। यह अज्ञात भी नहीं है तुम्हें, ज्ञात है। यह सारा सौंदर्य तुम अनुभव कर रहे हो। तुमसे कोई पूछे, कह डालो एक शब्द में। क्या कहोगे? इतना ही कहोगे—सुंदर था, बहुत सुंदर था! मगर यह भी कोई कहना है? इस 'बहुत सुंदर' में न तो सूरज की कोई किरण है, न माटी की सौंधी सुगंध है, न कमल की खिलती हुई पंखुड़ियां हैं, न पक्षियों के गीत हैं, न शबनम के मोती हैं, न वृक्षों की हरियाली है, न मुक्त आकाश है। कुछ भी तो नहीं। बहुत सुंदर में क्या है? कुछ भी तो नहीं। वर्णमाला के थोड़े-से अक्षर हैं।

ऐसे ही समझो, जैसे दीया शब्द लिखकर और दीवाल पर टांग दो तो रात कोई प्रकाश थोड़े

ही हो जाएगा; अंधेरी रात है सो अंधेरी रहेगी। दीये की बातों से रोशनी तो नहीं होती।

पिकासो से एक महिला ने कहा कि कल आपके द्वारा बनाई गई आपकी ही तस्वीर, सेल्फपोट्रेट, मैंने एक मित्र के घर में देखा। इतना सुंदर, इतना प्यारा कि मैं अपने को रोक न पाई; मैंने उसे चूम लिया। पिकासो ने कहा : फिर क्या हुआ? उस तस्वीर ने तुम्हें चूमा या नहीं?

उस स्त्री ने कहा : आप भी क्या बात करते हैं; नहीं चूमा।

तो पिकासो ने कहा : फिर वह मेरी तस्वीर न रही होगी।

मुल्ला नसरुद्दीन को उसके पड़ोसी ने कहा कि आपके साहबजादे को सम्हालो, अभी से लुच्चा है। कल मेरी पत्नी को पत्थर मारा।

मुल्ला ने पूछा, लगा? उसने कहा कि नहीं। तो उसने कहा : वे किसी और के साहबजादे होंगे। मेरे साहबजादे का निशाना तो लगता ही है। वे किसी और के होंगे। तुम गलती समझे। ऐसा ही पिकासो ने कहा कि वह मेरी तस्वीर न रही होगी। चुंबन का उत्तर ही न आया तो क्या खाक बात बनी। प्रत्युत्तर आना चाहिए।

तस्वीरों से प्रत्युत्तर नहीं आते। इसलिए तस्वीरें भी छोटी पड़ जाती हैं। हमारे गीत भी छोटे पड़ जाते हैं, हमारे शब्द भी, शास्त्र भी छोटे पड़ जाते हैं। इस जगत में जो हम जानते हैं, वह भी कहा नहीं जा सकता...।

किसी मां ने अपने बेटे को प्रेम किया। कैसे कहो, प्रेम शब्द में क्या है? कोई भी दोहराता है। कहो कि मुझे अपने बेटे से बहुत प्रेम है, या अपनी पत्नी से बहुत प्रेम है। क्या मतलब? यहां तो लोग हैं जो कहते हैं, आइसक्रीम से प्रेम है। कोई कहता है, मुझे मेरी कार से बहुत प्रेम है। जहां आइसक्रीम और कारों से प्रेम चल रहा है; प्रेम शब्द का अर्थ क्या रह गया? जब तुम कहते हो मुझे अपनी पत्नी से बहुत प्रेम है, तुम्हारी पत्नी है या आइसक्रीम? प्रेम का अर्थ क्या रहा? हमारे शब्द छोटे हैं, उन्हीं छोटे शब्दों का हम सब तरह से उपयोग करते हैं। सीमा है उनकी। जगत में जो अनुभव में आता है, वह भी उनमें नहीं समाता, तो वह जो परम अनुभव है, आत्यंतिक अनुभव है—जहां सब विचार शून्य हो जाते हैं, शांत हो जाते हैं, जहां व्यक्ति भाषा के पार निकल जाता है, जहां तर्कजाल पीछे छूट जाता है, जहां निर्विचार होता है—उसमें जिसकी प्रतीति होती है, उसे कह न सकोगे।

ये जानति ते कहति नहिं...।

इसलिए जिन्होंने जाना है, वे नहीं कह पाए। आज तक कोई भी नहीं कह पाया। तुम सोचते हो मैं तुमसे कहता हूं, कह पाता हूं? नहीं, और सब कह लेता हूं, मगर वह अगम्य अगम्य ही रह जाता है। उसके आस-पास बहुत कुछ कह लेता हूं, लेकिन कोई तीर शब्द का उस निशान पर नहीं लगता। और सब कहा जा सकता है, लेकिन सब कहना इशारों से ज्यादा नहीं है।

जो मैं कहता हूं, उसको मत पकड़ लेना। जो कहता हूं, वह तो ऐसा ही है जैसे मील का पत्थर। और उस पर तीर का निशान लगा है कि दिल्ली सौ मील दूर है। उसी को पकडकर मत बैठ जाना कि आ गए दिल्ली। मैं जो कहता हूं वह तो ऐसे ही है जैसे कोई अगुली से चाद दिखाए

अंगुली को मत पूजने लगना। सारे शास्त्र चांद को बताई गई अंगुलियां हैं। चांद को कोई अगुली प्रगट नहीं करती। लेकिन जो समझदार हैं, वे इशारे को पकड़ लेते हैं। समझदार को इशारा काफी है।

बुद्ध के पास एक आदमी आया। उसने कहा : जो नहीं कहा जा सकता, वही सुनने आया हू। बुद्ध ने आंखें बंद कर लीं। बुद्ध को आंखें बंद किए देख वह आदमी भी आंख बंद करके बैठ गया। आनंद पास ही बैठा था—बुद्ध का अनुचर, सदा का सेवक—सजग हो गया कि मामला क्या है? झपकी खा रहा होगा, बैठा-बैठा करेगा क्या। जम्हाई ले रहा होगा। देखा कि मामला क्या है? इस आदमी ने कहा, जो नहीं कहा जा सकता वही सुनने आया हूं। और बुद्ध आंख बंद करके चुप भी हो गए और यह भी आंख बंद करके बैठ गया। दोनों किसी मस्ती में खो गए। कहीं दूर... शून्य में दोनों का जैसे मिलन होने लगा। आनंद देख रहा है, कुछ हो जरूर रहा है; मगर शब्द नहीं कहे जा रहे हैं—न इधर से न उधर से। न ओंठ से बन रहे हैं शब्द, न कान तक जा रहे हैं शब्द; मगर कुछ हो जरूर रहा है! कुछ अदृश्य उपस्थिति उसे अनुभव हुई। जैसे किसी एक ही आभामंडल में दोनों डूब गए। और वह आदमी आधी घड़ी बाद उठा। उसकी आंखों से आनद के आंसू बह रहे थे। झुका बुद्ध के चरणों में, प्रणाम किए और कहा : धन्यभाग मेरे! बस ऐसे ही आदमी की तलाश में था जो बिना कहे कह दे। और आपने खूब सुंदरता से कहा दिया! मैं तृप्त होकर जा रहा हूं।

वह आदमी रोता आनंदमग्न, बुद्ध से विदा हुआ। उसके विदा होते ही आनंद ने पूछा कि मामला क्या है? हुआ क्या? न आप कुछ बोले न उसने कुछ सुना। और जब वह जाने लगा और उसने आपके पैर छुए तो आपने इतनी गहनता से उसे आशीष दिया, उसके सिर पर हाथ रखा, जैसा आप शायद ही कभी किसी के सिर पर हाथ रखते हों! बात क्या है, इसकी गुणवत्ता क्या थी?

बुद्ध ने कहा : आनंद! तू जानता है, जब तू जवान था, हम सब जवान थे—सगे भाई थे, चचेरे भाई थे बुद्ध और आनंद, एक ही राजघर में पले थे, एक ही साथ बड़े हुए थे—तो तुझे घोड़ों से बहुत प्रेम था। तू जानता है न, कुछ घोड़े होते हैं कि उनको मारो तो भी ठिठक जाते हैं, मारते जाओ तो भी नहीं हटते। बड़े जिद्दी होते हैं! फिर कुछ घोड़े होते हैं, उनको जरा चोट करो कि चल पड़ते हैं। फिर कुछ घोड़े होते हैं, उनको चोट नहीं करनी पड़ती, सिर्फ कोड़ा फटकारो, आवाज कर दो, मारो मत और चल पड़ते हैं। और भी कुछ घोड़े होते हैं, तू जानता है भलीभांति, जिनको कोड़े की आवाज करना भी अपमानजनक मालूम होता होगा, जो सिर्फ कोड़े की छाया देखकर चलते हैं। यह उन्हीं घोड़ों में से एक था। कोड़े की छाया। मैंने इससे कुछ कहा नहीं, मैं सिर्फ अपनी शून्यता में लीन हो गया। इसे बस मेरी छाया दिख गई, सत्संग हो गया। इसका नाम सत्संग।

और ऐसा नहीं है कि बुद्ध बोलते नहीं हैं। जो बोलना ही समझ सकते हैं, उनसे बोलते हैं। जो धीरे-धीरे न बोलने को समझने लगते हैं, उनसे नहीं भी बोलते हैं। बोलना 'नहीं-बोलने' की तैयारी है।

सत्संग के दो रूप हैं। एक—जब गुरु बोलता है, क्योंकि अभी तुम बोलना ही समझ सकोगे, बोलना भी समझ जाओ तो बहुत। फिर दूसरी घड़ी आती है—परम घड़ी—जब बोलने का कोई सवाल नहीं रह जाता; जब गुरु बैठता है, तुम पास बैठे होते हो। इस घड़ी को पुराने दिनों

में उपनिषद कहते थे—गुरु के पास बैठना! इसी पास बैठने में हमारे उपनिषद पैदा हुए हैं; उनका नाम भी उपनिषद पड़ गया! गुरु के पास बैठ-बैठकर शून्य में जो संगीत सुना गया था, उसको ही संग्रहीत किया गया है, उन्हीं से उपनिषद बने। उपनिषद का मतलब होता है : पास बैठना, सत्संग!

नहीं; जे जानति ते कहति नहिं, कहत ते जानति नाहिं। इसलिए जो कहता हो कि मैं तुम्हें जना दूंगा, सावधान हो जाना। तुम्हें धोखा दिया जाएगा। तुम्हें शब्द पकड़ा दिए जाएंगे। जो कहता हो कि मैंने जान लिया है उसे, उसका दावा घातक सिद्ध होगा। उसे जाना नहीं जाता। जो उसे जानता है वही हो जाता है। जो उसे जानता है उसमें और जो जाना जाता है उसमें, भेद नहीं रह जाता। वहा ज्ञान, ज्ञाता और ज्ञेय ऐसे खंड नहीं होते। वहां ज्ञाता ज्ञेय में लीन हो जाता है। वहां ज्ञेय, ज्ञाता में लीन हो जाता है। इसलिए उसे अगम्य कहते हैं। उसकी फिर थाह नहीं मिलती, थाह लेनेवाला ही खो गया। हेरत हेरत हे सखी, रहा कबीर हिराइ!

बसती न सुन्यं सुन्यं न बसती अगम अगोचर ऐसा।
गगन सिषर महिं बालक बोले ताका नांव धरहुगे कैसा।।

और जब कोई इस अगम्य को झेलने को राजी हो जाए, जब कोई इस अगम्य में उतरने का साहस जुटा लेता है, वही साहस का नाम है :

मरौ वे जोगी मरौ, मरौ मरण है मीठा।
तिस मरणी मरौ, जिस मरणी गोरख मरि दीठा।।

मिट जाओ, मर जाओ, तो दिखाई पड़े, तो मिलन हो। खो जाओ तो खोज पूरी हो जाए। तो उसके भीतर मस्तिष्क की एक नई अभिव्यंजना होती है।

गगन सिषर महिं बालक बोले...।

उसके सहस्रार में, उसके मस्तिष्क में शून्य पैदा हो जाता है। जब सब विचार विदा हो जाते हैं; जब अहंकार विदा हो जाता है; जब मैं हूं ऐसा भाव ही नहीं रह जाता; जब वहां सिर्फ होता है—मौन, शांत, शून्य—इसको समाधि कहते हैं। जब समाधि फल जाती है! जब तुम जागरूक होते हो; मगर कोई चित्त में विचार की धारा नहीं बहती। विचार का मार्ग शून्य हो गया, शांत हो गया, कोई यात्री नहीं चलते—निर्विचार का मार्ग शून्य हो गया, शांत हो गया, कोई यात्री नहीं चलते—निर्विचार, निर्विषय चित्त हो गया। तुम सिर्फ शुद्ध दर्पण रह गए, जिसमें अब कोई छाया नहीं बनती, कोई प्रतिबिंब नहीं बनता। इस अवस्था में तुम्हारे भीतर का कमल खिलता है, तुम्हारे मस्तिष्क में शून्य का जन्म होता है। वहां कोई चीज भरनेवाली नहीं रह जाती। तुम सिर्फ एक खाली, पवित्र रिक्तता मात्र रह जाते हो।

गगन सिषर महिं बालक बोले...।

और तब उसकी निर्दोष आवाज, जैसे छोटे बच्चे की किलकारी! जैसे अभी-अभी पैदा हुए बच्चे की आवाज! नई-नई, ताजी-ताजी, सद्यःस्नात, नहाई-नहाई कुंवारी सुनाई पड़ती है। उसका नाद अनुभव होता है।

ऐसी अवस्था में मुहम्मद ने कुरान को सुना। ऐसी ही अवस्था में ऋषियों ने वेद सुने। ऐसी ही अवस्था में जगत के सारे महत्वपूर्ण शास्त्रों का जन्म हुआ है। वे सभी अपौरुषेय हैं—पुरुष ने उनका निर्माण नहीं किया है; आदमी के हाथ उनमें नहीं लगे हैं। परमात्मा बहा है; आदमी तो सिर्फ मार्ग बना है।

गगन सिषर महिं बालक बोले, ताका नांव धरहुगे कैसा।

और वह निर्दोष स्वर जब भीतर उठता है तो उसे कोई नाम नहीं दिया जा सकता। वह अनाम है। उसे कोई विशेषण भी नहीं दिया जा सकता, क्योंकि सब विशेषण सीमा बांध देंगे; और वह असीम है, वह अनंत है। बिंदु सिंधु हो गया। बूंद उड़ गई, आकाश हो गई; अब कौन बोले, क्या बोले? वहां से जब कोई लौटता है तो गूंगा, बिलकुल गूंगा हो जाता है। बोलता है बहुत, और-और बातें बोलता है। कैसे वहां तक पहुंचो, यह बोलता है; किस मार्ग से पहुंचो, यह बोलता है; किस विधि-विधान से पहुंचोगे, यह बोलता है, लेकिन वहां क्या हुआ, इस संबंध में बिलकुल चुप रह जाता है। कहता है : तुम्हीं चलो, तुम्हीं देखो। झरोखा कैसे खोलोगे, यह विधि बता देता हूं। ताली कौन-सी चलाओगे जिससे ताला खुल जाए, यह बता देता हूं। मगर जो दर्शन होगा, वह तो तुम जाओगे तभी होगा! उस दर्शन को उधार कोई किसी को दे नहीं सकता।

हंसिबा खेलिबा धरिबा ध्यानं!

लेकिन जिसको यह अनुभव हो गया है, उसके जीवन में तुम्हें कुछ चीजें दिखाई पड़ने लगेंगी। बड़े प्यारे वचन हैं, बड़े गहरे वचन हैं!

हंसिबा खेलिबा धरिबा ध्यानं ।

उसे तुम देखोगे हंसते हुए, खेलते हुए। जीवन उसके लिए लीला हो गया। उसे तुम गंभीर नहीं पाओगे। यह कसौटी है सदगुरु की। उसे तुम गंभीर और उदास नहीं पाओगे। तुम उसे हंसता हुआ पाओगे।

हंसिबा खेलिबा धरिबा ध्यानं...।

उसके लिए सब हंसी-खेल है, सब लीला है। इसलिए हमने कृष्ण को पूर्णावतार कहा। राम गंभीर हैं, छोटी-छोटी बात का हिसाब रखते हैं, नियम-मर्यादा से चलते हैं—मर्यादा पुरुषोत्तम हैं। कृष्ण अमर्याद हैं—न कोई नियम है, न कोई मर्यादा है। कृष्ण के लिए जीवन लीला है।

जीवन एक खेल है। इसको खेल से ज्यादा मत लेना, खेल से ज्यादा लिया कि बस उलझे। नाटक समझो, अभिनय समझो। अभिनय में कोई परेशान थोड़े ही होता है। जो अभिनय मिल गया है उसी को मस्ती से कर देता है। रावण भी बनना पड़ता है रामलीला में किसी को तो कुछ परेशा थोड़े ही होता है; कोई दिल ही दिल में रोता थोड़े ही है कि हाय, मैं कैसा अभागा कि मुझे रावण बनना पड़ा! पर्दा हटते ही राम और रावण सब बराबर हो जाते हैं। यहां एक-दूसरे की जान लेने को उतारू थे, पर्दे के पीछे जाकर देखना बैठे चाय पी रहे हैं, गपशप कर रहे हैं। सीताजी दोनों के बीच में बैठी हैं। न कोई चुराने का सवाल है, न कोई बचाने का सवाल है। जीवन एक अभिनय है, लेकिन उसी के लिए पूर्ण अभिनय हो पाता है जो शून्य को उपलब्ध हो जाता है।

हंसिबा खेलिबा धरिबा ध्यानं. . .।

फिर तो ध्यान भी खेल ही है, हंसी ही है। मुझसे लोग पूछते हैं कि यह आपका आश्राम कैसा! यहां लोग हंसते हैं, नाचते हैं, खेलते हैं, कूदते हैं। और कैसा आश्रम हो सकता है?

हंसिबा खेलिबा धरिबा ध्यान, अहनिसि कथिबा ब्रह्मगियानं।

और फिर तो वह जो भी बोलता है वही ब्रह्मज्ञान है। अहनिसि। जैसे उठता है, जैसे बोलता है. . .। चुप रह जाए तो चुप रहने में ब्रह्मज्ञान है, बोले तो बोलने में ब्रह्मज्ञान है। उसका सारा व्यक्तित्व ब्रह्म ो समर्पित हो गया है, समग्र को समर्पित हो गया। अब वह व्यक्ति अलग नहीं है। इसलिए तो हंसता है, खेलता है। अब परमात्मा की लीला का अंग हो गया है।

हंसै षेलै न करै मन भंग।

इसलिए हंसो, और खेलो. और मन को व्यर्थ गंभीर करके दुखी और परेशान न हो जाओ। मन-भंग न करो।

लेकिन तुम देखते हो. कुछ लोग सांसारिक अर्थों में बड़े परेशान हैं; और कुछ लोग धार्मिक अर्थों में बड़े परेशान हैं। दोनों का मन भंग हो रहा है। एक धन के पीछे दौड़ा जा रहा है, उसका मन भंग हुआ; एक धन से घबड़ाकर भागा जा रहा है, उसका मन भंग हुआ। एक कहता है कि जितनी ज्यादा स्त्रियां मुझे मिल जाएं उतना अच्छा। और एक कहता है कहीं स्त्री न दिख जाए, नहीं तो सब गड़बड़ हो जाएगा। मगर ये दोनों के मन भंग हैं, इन दोनों को हंसी-खेल नहीं आया है। इन्हें जिंदगी में लीला की कला नहीं आई। ये बड़े गंभीर हैं। ये बड़े ही अति गंभीर है। इनकी गंभीरता इनकी बीमारी है।

हंसिबा खेलिबा धरिबा ध्यानं, अहनिसि कथिबा ब्रह्मगियानं।

हंसै षेलै न करै मन भंग. . .।

इसलिए कहते हैं हंसो, खेलो मन को भंग न करो।

ते निहचल सदा नाथ के संग।

तो इसी हंसी-खेल में डूबे-डूबे, इसी मौज, इसी लीला में पगे-पगे नाथ के सदा संग हो जाओगे। ते निहचल सदानाथ के संग। प्रतिपल फिर परमात्मा और तुम्हारा साथ रहेगा। साथ कहना भी शायद ठीक नहीं है, तुम एक ही हो गए। वही अर्थ है : निहचल सदा नाथ के संग। एक क्षण को भी साथ नहीं छूटता। साथ सातत्य बन गया।

अहनिसि मन लै उनमन रहै. . .।

प्रतिपल, उठते-बैठते, जागते-सोते एक ही खयाल रहे : मन लै उनमन रहै। मन को अमन बनाना है। जिसको झेन फकीर कहते हैं—नो माइंड, उनमन। चित्त को शून्य कर देना है।

मन क्या है? अतीत के विचार, भविष्य की योजनाएं—यही मन है। जो हो चुका, उसका शोरगुल; जो होना चाहिए, उसकी अपेक्षाएं—यही मन है। न अतीत रह जाए, न भविष्य रह जाए। फिर क्या है? वर्तमान है।

हंसिबा खेलिबा धरिबा ध्यानं...।

तुमने कभी एक बात पर खयाल किया है, वर्तमान में सदा रस है और वर्तमान में सदा आनद है। जब तुम कभी दुःखी होओ तो थोड़ा सोचना, दुःख या तो अतीत के संबंध में होता है या भविष्य के संबंध में। या तो जैसा तुम करना चाहते थे नहीं कर पाए अतीत में, उसका दुःख होता है; या भविष्य में जैसा तुम करना चाहते हो, वैसा कर पाओगे या नहीं कर पाओगे, उसके संबंध में चिंता और पीड़ा होती है।

कभी तुमने इस पर खयाल किया, इस छोटे-से सत्य को कभी देखा है कि वर्तमान में कोई दुःख नहीं है, कोई चिंता नहीं है? इसलिए वर्तमान मन को भंग नहीं करता चिंता मन को भग करती है। वर्तमान में दुःख होता ही नहीं। वर्तमान दुःख को जानता ही नहीं। वर्तमान का इतना छोटा क्षण है कि उसमें दुःख समा ही नहीं सकता। वर्तमान में स्वर्ग ही समा सकता है, नर्क नहीं समा सकता। नर्क का बड़ा विस्तार है। वर्तमान में तो सिर्फ शांति हो सकती है, सुख हो सकता है, समाधि हो सकती है।

अहनिसि मन लै उनमन रहै...।

तो मन को उनमन कर दो, मन को पोंछ डालो। मतलब हुआ : अतीत और भविष्य को सोचो मत। यह क्षण जो आया है, अभी ही थोड़ा इसका स्वाद लो।

यह जो क्षण है...यह दूर ट्रेन की आवाज, सन्नाटे में बैठे हुए लोग, प्रेम-पगे, मेरी बात को सुनते हुए, मेरी तरफ अपलक देखते हुए तुम, वृक्षों पर पड़ती हुई धूप, हवा के झोंके—अभी कहां, कैसा दुःख? इस क्षण में सब सुख है। इस सुख को गहराओ। इस सुख को पीयो। यही मदिरा है, जो ढालनी है। यही मधुशाला है, निमग्न हो जाना है। एक क्षण से ज्यादा तो कभी कुछ मिलता नहीं, दो क्षण एक साथ तो मिलते नहीं। बस एक क्षण को जीयो।

जीसस ने अपने शिष्यों को कहा है : देखते हो, खेत में उगे हुए लिली के फूलों को, इनका सौंदर्य क्या, इनके सौंदर्य का राज क्या? और मैं तुमसे कहता हूं—जीसस ने कहा—कि सम्राट सोलोमन भी अपने परम वैभव में इतना सुंदर नहीं था, जितने ये लिली के फूल! राज क्या है इनके सौंदर्य का? इनके सौंदर्य का राज एक है : जो गया गया, जो आया नहीं आया नहीं। इन्हें न बीते कल की चिंता है, न आनेवाले कल की चिंता है। ये बस यहीं हैं...।

इसलिए, जीसस ने अपने शिष्यों को कहा : कल की मत सोचो। सब सोच कल का है। इस क्षण में कोई सोच नहीं होता। और जहां सोच नहीं है, जहां विचार नहीं है, जहां चिंता नहीं है, वहां मन नहीं है। और जहां मन नहीं है, वहां परमात्मा है। मन मर जाए तो परमात्मा का अनुभव हो जाए। मरौ हे जोगी मरौ!

छांड़ै आसा रहै निरास...।

आशा करते हो, उससे ही मन पैदा होता है। मन है और की मांग है। मन कहता है : और, और...। जो भी दे दो, वही कम है, और चाहिए। यह और की बीमारी ऐसी पुरानी बीमारी है कि कितना ही देते चले जाओ, मन अपनी आदत से पुराना है, मांगता चला जाएगा। दस हजार हैं, दस

लाख मांगेगा; दस लाख दो, दस करोड़ मांगेगा। मांगता ही रहेगा। ऐसी कोई घड़ी न आने देगा, ऐसा कोई पल न आने देगा, जहां मन तुमसे कह दे कि बस...। बस आता ही नहीं, पूर्ण विराम लगता ही नहीं।

इसलिए मन दौड़ाए रखता है। सिकंदरों को भी दौड़ाए रखता है। सब भागते चले जाते हैं, सब दौड़ते चले जाते हैं—दौड़ते ही मर जाते हैं। झूले से लेकर कब्र तक सिवाय इस महत्वाकांक्षा की दौड़ के और तुम क्या हो? इस दौड़ से हासिल क्या, इससे कब किसको क्या मिला है?

छांड़ै आसा रहै निरास...।

फर्क समझ लेना, निराश शब्द का वह अर्थ नहीं है जो तुम करने लगे हो अब। निराश कहते हैं उस आदमी को जो बैठा हैं उदास, उसको हम निराश कहने लगे है। शब्द को हमने विकृत कर दिया है। निराश का सिर्फ इतना ही अर्थ होता है : जिसने सब आशाएं छोड़ दीं। और जिसने सब आशाएं छोड़ दीं, वह हमारे आधुनिक अर्थ में निराश हो ही नहीं सकता। निराश तो वही होता है, जिसकी आशा होती है, और आशा पूरी नहीं होती। तब निराशा होती है।

जो आधुनिक अर्थ है निराशा का, वह समझ लो ठीक से। आधुनिक अर्थ है : तुमने आशा की और पूरी नहीं हुई—तो निराशा। बैठे हो उदास...। चाहा था कि मिल जाए लाटरी और फिर नहीं मिली।

मुल्ला नसरुद्दीन एक दिन उदास बैठा था। पड़ोसी ने पूछा कि बड़े उदास मालूम हो रहे हो, तुम्हें तो खुश होना चाहिए। मैंने सुना है कि तुम्हारे चाचा पिछले सप्ताह मर गए और पचास हजार रुपए तुम्हारे नाम छोड़ गए, तुम्हें तो खुश होना चाहिए।

नसरुद्दीन ने कहा : हां, खुश हुए थे, मगर अब नहीं हैं खुश। पिछले सप्ताह चाचा जी मर गए थे, पचास हजार छोड़ गए थे; उससे पिछले सप्ताह मामा जी मर गए थे, वे एक लाख रुपए छोड़ गए थे। और अब एक सप्ताह पूरा होने आया, अभी तक कोई नहीं मरा...क्या खाक...चित्त बड़ा निराश हो रहा है। सप्ताह पूरा होने आया, यह शनिवार आ गया, यह रविवार आया जाता है, अभी तक कोई भी नहीं मरा।

हंसो मत, मन की यही प्रक्रिया है। जितना दो उतना ही भिखमंगा होता चला जाता है। जितना मिले उतना दीन-दरिद्र हो जाता है। बड़े-बड़े सम्राट भी हाथ फैलाए खड़े हैं—और मिल जाए...।

पुराना जो अर्थ है 'निराशा' का, बड़ा गंभीर है, बड़ा गहन है, और बड़ा अर्थपूर्ण है। उसका अर्थ है : आशा गई, उसकी तो निराशा भी गई। न आशा बची न निराशा बची, उस अवस्था को 'निराश' कहते थे। निर+आस। आशा नहीं। उसी के साथ तो निराशा भी गई। जिसको सफलता की आकांक्षा नहीं उसको विफल कैसे करोगे? और जिसकी कोई आशा नहीं है उसको निराश कैसे करोगे?

लाओत्सु ने कहा है : मुझे कोई हरा नहीं सकता, क्योंकि मेरे मन में जीतने की कोई आकांक्षा नहीं है। आओ, कोई मुझे हराओ। कोई मुझे हरा नहीं सकता, क्योंकि मैं जीतना ही नहीं चाहता।

अगर तुम लाओत्से पर हमला करोगे, वह चारों खाने चित लेट जाएगा और कहेगा : भाई,

बैठो, ऊपर बैठ जाओ। थोड़ा मजा लेलो, लंगोटा घुमाओ, अपने घर जाओ। मुझे कोई इच्छा ही नहीं जीतने की, इसलिए मुझे हराओगे कैसे? उसी को हरा सकते हो जो विजय का आकांक्षी हो।

और वही निराशा को उत्पन्न होता है, जो आशा से भरा था। पुराना निराश का अर्थ बड़ा बहुमूल्य है। आशा-निराशा दोनों की शून्यता जहां है, उसको निराश कहते हैं। और यह होना ही चाहिए। अगर तुम्हारा अर्थ निराशा का होता है तो फिर हंसिबा खेलिबा धरिबा ध्यानं, हंसै षेलै न करै मन भंग . . . फिर इसका कोई अर्थ नहीं रह जाएगा।

नहीं; निराश का अर्थ है : हमने सब आशाएं छोड़ दीं। अब हम मांगते ही नहीं, हम भिखमंगे न रहे। अब भविष्य से हमारी कोई अपेक्षा नहीं है; जो होगा होगा; जो नहीं होगा नहीं होगा। जो होगा हम उसमें मस्त हैं। हंसिबा खेलिबा धरिबा ध्यानं। जो है, हम उसमें आनंदित हैं। जैसा है, उससे हमें रत्ती-भर भिन्न की कोई आकांक्षा नहीं है। उसने अब तक दिया है, देता रहेगा: हर घड़ी हम आनंद से जीये हैं।

और एक बड़े मजे की बात है कि जो जितना आनंद से जीता है, उतना ज्यादा आनद उसे मिलता है। जो जितना ज्यादा दुःखी जीता है, उतना ज्यादा दुःख उसे मिलता है। क्योंकि हम जो अपने प्राणों में पैदा करते हैं, वही आकर्षित होने लगता है हमारी तरफ। हम चुंबक बन जाते हैं।

जीसस का प्रसिद्ध वचन है कि जिनके पास है, उन्हें और दिया जाएगा, और जिनके पास नहीं है, उनसे वह भी छीन लिया जाएगा जो उनके पास है। बड़ा कठोर वचन है! लगता है बड़ी अन्यायपूर्ण बात हो गई यह तो, कि जिनके पास है उन्हें और दिया जाएगा और जिनके पास नहीं उनसे वह भी छीन लिया जाएगा जो है। नहीं; लेकिन जीसस के वचन में जरा भी अन्याय नहीं है। यह जीवन का सीधा-सीधा नियम है। यही घट रहा है। अगर तुम आनंदित हो, तुम और भी आनंदित हो जाओगे। तुम अगर हंस सकते हो, तुम्हारी हंसी में और चार चांद जुड़ते जाएंगे। तुम अगर नाच सकते हो, तुम्हारे नाच में और छंदबद्धता आ जाएगी। तुम अगर गा सकते हो, आकाश तुम्हारे साथ गाएगा, पर्वत-श्रृंखलाएं तुम्हारे साथ गाएंगी, चांद, तारे तुम्हारे साथ गाएंगे। और तुम अगर रोने लगे, और तुम अगर बेचैन होने लगे तो चारों तरफ से बेचैनियां तुम्हारी तरफ चलने लगेंगी।

तुम हो जो, उसी को तुम आकर्षित करते हो। यह जीवन का परम नियम है। तुम जैसे हो वही तुम्हारे पास आता है। इसलिए सुखी आदमी और सुखी होता जाता है। शांत आदमी और शांत होता जाता है। अशांत आदमी और अशांत होता जाता है। दुःखी आदमी और दुःखी होता जाता है। तुम्हारा अभ्यास बढ़ता जाता है। दुःखी आदमी दुःख का अभ्यास कर रहा है।

मुल्ला नसरुद्दीन अपने डॉक्टर के पास गया, सुबह-सुबह खांसता-खांसता . . . । डॉक्टर ने कहा कि नसरुद्दीन क्या हालत है, खांसी कुछ अच्छी मालूम होती है? उसने कहा : अच्छी क्या नहीं होगी, तीन सप्ताह से अभ्यास कर रहा हूं। अच्छी क्या नहीं होगी! रात-भर अभ्यास किया है, लयबद्धता आई जा रही है। साज बैठा जा रहा है। अच्छी क्यों नहीं होगी?

लोग दुःख में भी कुशल हो जाते हैं, खयाल रखना। मैं जानता हूं हजारों लोगों को, दुःख में कुशल हो गए हैं। दुःख के कलाकार हैं वे! जहां दुःख न भी हो वहां दुःख पैदा कर लेते हैं। उनकी कुशलता ऐसी है, उनकी प्रवीणता ऐसी है, कि जहां न भी हो कांटा वहां भी कांटा गडा लेते है। उन्हें

फूल भी कांटे हो जाते हैं। अब यहां तो मस्ती का आलम है, यहां आकर लोग दुःखी हो जाते हैं। यह देखकर दुःखी हो जाते हैं कि दूसरे इतने मस्त क्यों हैं? बात क्या है? यह कैसा धर्म? धर्म से उनका प्रयोजन है—बैठे हैं अपनी-अपनी कब्र पर...एक पांव कब्र में डाले, माला हाथ में लिए, मुर्दे, ठूंठ, सब पत्ते झड़ गए...! न कोई फूल लगता है, न कोई पक्षी बोलते हैं, तब वे कहते हैं : अहा! यह है धर्म। महात्मा बहुत पहुंचे हुए हैं।

तुम दुःखी हो गए हो, तुम दुःख की भाषा समझ पाते हो अब। तुम दुःख को ही पहचान पाते हो। तुम्हारी दुःख के संबंध में इतनी कुशलता हो गई है कि दुःखी से ही तुम्हारा संबंध जुड़ जाता है। तो जितना कोई महात्मा अपने को सताए, गलाए, परेशान करे, उतनी भीड़ उसके पास इकट्ठी होने लगती है।

मुझसे लोग पूछते हैं कि आपके पास भारतीय लोग कम क्यों आ रहे हैं? उसका कारण है: भारत दुःख में निष्णात हो गया है। हजारों साल में इसने स्वयं को कष्ट देने की कला में खूब कुशलता पा ली है। कांटे बिछाते हैं लोग, उन पर सोते हैं; जैसे कि बिना कांटों के इन्हें नींद न आएगी! वैसे ही आग बरस रही है, वे और धूनी लगाकर बैठे हैं। शरीर वैसे ही मिट्टी हुआ जा रहा है, उस पर और राख पोतते हैं। इस देश ने बहुत दुःख का अभ्यास कर लिया है। मेरा संदेश सुख का है। हंसिबा खेलिबा धरिबा ध्यानं...।

इसलिए उन्हें बात रुचती नहीं है, उन्हें बड़ी अड़चन होती है। उन्हें यह स्वीकार ही नहीं हो पाता कि नृत्य का और ध्यान से कोई संबंध हो सकता है, कि संगीत का और ध्यान से कोई संबंध हो सकता है। उन्हें यह बात समझ में नहीं आती। और निश्चित ही तब वे मेरे प्रति क्रोध से भर जाते हैं। इस अपूर्व स्थल के प्रति उनके मन में सिवाय द्वेष के और दुश्मनी के कुछ भी पैदा नहीं होता। उन्होंने अपने दुःख को खूब मजबूती से पकड़ा है। वे दुःख को छोड़ने को राजी नहीं हैं। और जब तक इस देश से दुःख की यह आदत न टूटेगी, तब तक इस देश के सौभाग्य का उदय होनेवाला नहीं।

और मैं तुमसे कहता हूं कि धर्म का यह आदेश नहीं है कि तुम दुःखी हो जाओ। धर्म आनंद की खोज है। तभी तो हमने परमात्मा को सच्चिदानंद कहा है। धर्म परम आनंद की खोज है और इस जगत के आनंद, छोटे-छोटे आनंद, उस मंदिर की सीढ़ी बना लेते हैं। इस जगत के सुखों को छोड़कर सच्चिदानंद मिलेगा, यह बात गलत है। क्योंकि जो इस जगत के आनंद लेने को भी राजी नहीं है वह परमात्मा को झेलने का साहस कब जुटा पाएगा? जो छोटे-छोटे सुख नहीं ले पाता, वह उस बड़े सुख को कैसे झेल पाएगा? जो चुल्लू-भर पानी नहीं पी पाता, जब सागर उसके कंठ में उतरेगा तो कैसे पी पाएगा? नहीं; वह डूब जाएगा, मर जाएगा।

मेरे हिसाब में यह संसार पाठशाला है। यहां छोटे-छोटे पाठ पढ़ाए जा रहे हैं...। देखो फूलों को, खिलो फूलों जैसे। देखो इंद्रधनुषों को, रंगो अपने जीवन को इंद्रधनुषों जैसा। सुनो संगीत, बनो संगीत। उठने दो गीत तुम्हारा भी।

पक्षियों में तुमने कोई महात्मा देखा है? कि बैठे हों धूनी लगाए, रेत पोते...रो रहे हैं, त्रिशूल गड़ाए हैं, उपवास कर रहे हैं। तुमने कोई वृक्ष देखा है जिसको तुम महात्मा कह सको? वृक्ष ने फैलाई हैं अपनी जड़ें भूमि में, पी रहा है रस; खिलाए हैं फूल, कर रहा है गुफ्तगू चांद-तारों से। मनुष्य को

छोड़कर तुम्हें कहीं महात्मा मिलते हैं? मनुष्य को छोड़कर तुम्हें दुःख मिलता है?

जरा सोचो तो, प्रकृति जो कि मनुष्य से पीछे है, पशु-पक्षियों और पौधे भी तुमसे ज्यादा सुखी हैं! तुम्हें क्या हो गया है? तुम्हें कौन-सी प्लेग लग गई? तुम्हारे चित्त पर रुग्ण लोग सवार हो गए हैं। तुम्हारे चित्त पर विक्षिप्त लोगों ने साम्राज्य स्थापित कर लिया है। जो सुखी नहीं हो सकते, उन्होंने दुःख की महिमा गाई है। जो सुख की कला नहीं जानते, ऐसे हीन लोग दुःख का गुणगान करते रहे है। और उन्होंने यह बात तर्कपूर्वक तुम्हारे चित्त में बिठा दी है कि तुम दुःखी होओगे तो परमात्मा के प्यारे होओगे।

गोरख कुछ और कहते हैं, मैं कुछ और कहता हूं :

हंसिबा खेलिबा धरिबा ध्यानं, अहनिसि कथिबा ब्रह्मगियानं।

फिर तुम्हारा उठना-बैठना, बोलना, श्वास लेना, सब तुम्हारे ब्रह्मज्ञान की अभिव्यक्ति हो जाएगी।

हंसै षेलै न करै मन भंग। ते निहचल सदा नाथ के संग।

फिर जुड़ जाएगा सत्संग। फिर प्रभु के साथ ही हो। फिर वह तुम्हारे साथ है। फिर भेद नहीं है।

छांड़ै आसा रहे निरास, कहै ब्रह्म हूं ताका दास।

और आदमियों की तो क्या बात, वह जो ब्रह्म है, वह भी आकर तुम्हारे आनद से भरे हुए जीवन को नमस्कार करेगा, कहेगा : कहै ब्रह्मा हूं ताका दास। देवता भी उसकी स्तुति करते हैं जो मनुष्य आनंदमग्न हो जाता है। देवता भी इसके प्रति ईर्ष्या से भरते हैं।

अभी तो तुम्हारी दशा ऐसी हो गई कि नरक में जो नारकीय हैं, वे भी तुम पर दया करते होंगे। वे भी सोचते होंगे कि कहीं हमसे पाप न हो जाए, नहीं तो पृथ्वी पर पैदा होना पड़े—और विशेषकर पुण्यभूमि भारत में! कोई पाप न हो जाए नरक में, नहीं तो पुण्यभूमि भेजे जाएं। ऐसी नरक में अफवाहें उड़ी हैं।

एक जमाना था कि हमने ऐसी कथाएं लिखी थीं कि जब बुद्ध को ज्ञान हुआ तो देवता उतरे आकाश से उनके चरणों में सिर झुकाने। जब महावीर जागे तो फूल बरसे आकाश से, देवता आए सुनने। क्योंकि जब कोई व्यक्ति परम आनंद को उपलब्ध होगा तो देवताओं को भी ईर्ष्या होगी, क्योंकि देवता अभी परम आनंद को उपलब्ध नहीं हैं। पुण्य का फल भोग रहे हैं; फल चुक जाएगा, कल, वापिस लौट आना पड़ेगा। उनका सुख कितना लंबा हो, अस्थायी है। शाश्वत सुख तो वही जानता है जो नाथ के सदा संग हो गया। अभी वे सदा संग नहीं है।

अरधै जाता उरधै धरै, काम दग्ध जे जोगी करै।

बड़ा बहुमूल्य सूत्र है!

अरधै जाता उरधै धरै, काम दग्ध जो जोगी करै।

उस योगी का काम दग्ध हो जाता है—जो अपने आनंद को नीचे नहीं जाने देता, ऊपर ले

जाता है।

अरधै जाता उरधै धरै...।

जो नीचे की तरफ बह रहा है, उसी रस को ऊपर की तरफ उठाने लगता है।

तीन शब्द समझ लेना। एक है : काम। काम है : सुख नीचे की तरफ बहता हुआ। दूसरा शब्द है : प्रेम है : सुख मध्य में अटका हुआ; न नीचे जा रहा है, न ऊपर जा रहा है। और तीसरा शब्द है: प्रार्थना। प्रार्थना है : सुख ऊपर जाता हुआ। ऊर्जा वही है। काम में वही ऊर्जा नीचे की तरफ जाती है, प्रेम में वही ऊर्जा बीच में थिर हो जाती है, प्रार्थना में वही ऊर्जा पंख खोल देती है, आकाश की तरफ उड़ने लगती है। इसलिए मैंने कहा है, संभोग और समाधि संयुक्त हैं, एक ही ऊर्जा है, एक ही सीढ़ी है। नीचे की तरफ जाओ तो संभोग, ऊपर की तरफ जाओ तो समाधि; और दोनों के मध्य में प्रेम है। प्रेम द्वार है। प्रेम दोनों का द्वार है, प्रेम संभोग का भी द्वार है। अगर तुम्हारी ऊर्जा नीचे की तरफ जा रही है तो प्रेम संभोग का द्वार बन जाएगा। और अगर तुम्हारी ऊर्जा ऊपर की तरफ जा रही है तो प्रेम समाधि का द्वार बन जाएगा। प्रेम बड़ा अदभुत है, सेतु है, क्योंकि मध्य है।

अरधै जाता उरधै धरै...।

वह जो नीचे की तरफ़ ऊर्जा बह रही है कामवासना में... अब धीरे-धीरे जागो, उसी ऊर्जा को ऊपर की तरफ ले चलना है। और जिस ऊर्जा को ऊपर ले जाना हो, उससे लड़ना मत। क्योंकि जिससे तुम लड़े, उससे संबंध छूट जाता है। जिससे तुम लड़े, उससे तुम भयभीत हो जाते हो। जिससे तुम लड़ें, उसका तुम दमन कर देते हो। और जिसका दमन हो जाता है, उसका ऊर्ध्वगमन नहीं हो सकता।

इसलिए गोरख ने और गोरख के पीछे चलनेवाले नाथपंथियों ने कामवासना को दमन नहीं कहा—कामवासना का ऊर्ध्वगमन। भेद समझ लेना, तुम्हारे तथाकथित धार्मिक गुरु कामवासना का दमन सिखाते हैं—दबा डालो...। दबाने से क्या होगा? कामवासना को निखारना है, दबाना नहीं। कामवासना हीरा है कीचड़ में पड़ा। कीचड़ धो डालनी है, मगर हीरा थोड़े ही फेंक देना है। कीचड़ के कारण हीरा मत फेंक देना, नहीं तो पीछे बहुत पछताओगे। और यही हालत तुम्हारे साधुओं की है। उनकी हालत तुमसे बदतर हो गई है। तुम्हें हीरा नहीं मिला, क्योंकि तुम्हारा हीरा कीचड़ में पड़ा है; उनने कीचड़ छोड़ दी, साथ हीरा भी छूट गया। धोबी के गधे हो गए हैं, न घर के न घाट के। दुविधा में दोई गए, माया मिली न राम। समाधि का कुछ पता नहीं चल रहा है, संभोग से जो थोड़े-बहुत सुख की कभी झलक, किरण मिलती थी, वह भी दूर हो गई। इसलिए चौबीस घंटे चित्त उनका रुग्ण है। कहीं भी जड़ें न रहीं। जमीन से जड़ें उखाड़ लीं, और आकश में जड़ें जमाने का राज नहीं आया।

राज इस बात में है : हीरे को निखारना है, साफ करना है, कीचड़ को धो डालना है। कीचड़ से कमल हो जाता है, तो कीचड़ से घबड़ाओ मत। इसलिए कमल का एक नाम है : पंकज। पंकज का अर्थ होता है : पंक से जो हो जाए, कीचड़ से जो हो जाए। कीचड़ से कमल हो जाता है! इतना बहुमूल्य, इतना प्यारा रूप, इतना सौंदर्य प्रगट हो जाता है! काम की कीचड़ में राम का कमल छिपा है।

अरधैं जाता उरधैं धरैं. . .।

इसलिए जागो, समझो, काम की ऊर्जा को पहचानो, उसके साक्षी बनो। लड़ो मत। दुश्मनी नहीं, मैत्री करो। मित्र को ही फुसलाया जा सकता है ऊपर जाने के लिए। हाथ में हाथ लो काम-ऊर्जा का, ताकि धीरे-धीरे तुम उसे प्रेम में रूपांतरित करो। पहले तो काम को प्रेम में रूपांतरित करना होगा, फिर प्रेम को प्रार्थना में। ऐसे ये तीन सीढ़ियां सहस्रार खुले, शून्य गगन में उस बालक का जन्म हो।

खयाल रखना, काम से भी बच्चों का जन्म होता है, संभोग से भी बच्चे पैदा होते हैं और समाधि से भी बालक का जन्म होता है। वह बालक तुम्हारी अंतरात्मा है। वह बालक तुम्हारा भव्य रूप है, दिव्य रूप है। जैसे तुम्हारे भीतर कृष्ण का जन्म हुआ, कृष्णाष्टमी आ गई! तुम्हारे भीतर बालक कृष्ण जन्म।

गगन सिषर महिं बालक बोले, ताका नांव धरहुगे कैसा।
अरधैं जाता उरधैं धरैं, काम दग्ध जे जोगी करैं।

और वही योगी काम को दग्ध कर पाएगा, जो नीचे जाती ऊर्जा को ऊपर की तरफ संलग्न कर लेता है। लड़ने की बात नहीं है।

तजैं अल्यंगन काटैं माया।

जो क्षुद्र है, नीचा है, जो तुमसे बाहर है, उससे धीरे-धीरे अपना आलिंगन छोड़ो। धीरे-धीरे उसमें अर्थ है, यह बात छोड़ो; उसमें अर्थ है नहीं। अर्थ तुम्हारे भीतर छिपा है।

तजैं अल्यंगन काटैं माया।

ममता, मोह, लोभ धीरे-धीरे छोड़ो। क्योंकि तुम जिस चीज को बाहर पकड़े हो वह तो मौत छीन लेगी। उसे मौत से छीनने के पहले छोड़ दो तो तुम्हारा बड़ा पुरस्कार है, तुम फिर धन्यभागी हो। क्योंकि जो मौत के पहले ही चीजों को छोड़ देता है, उसकी फिर मौत नहीं आती। फिर उसके पास कुछ बचता ही नहीं, जो मौत छीन ले जाए। उसने खुद ही छोड़ दिया। इसी का नाम संन्यास है। और छोड़ने का अर्थ भागना नहीं है। जो भागता है, वह तो पकड़े है। इसीलिए भागता है, नहीं तो भागेगा क्यों? अगर कोई पत्नी को छोड़कर जंगल भागता है, उसका मतलब पत्नी को पकड़े हुए है। नहीं तो डर क्या है, भय क्या है?

मैं अपने संन्यासी को कहता हूं : जहां हो वहीं छोड़ा जा सकता है, भागने की बात तो भूल भरी है। भागना कायरता है। छोड़ना भागने से नहीं होता, छोड़ना जागने से होता है। सिर्फ जागकर देखो। धीरे-धीरे होश सम्हालो। और तुम पाओगे, उस होश के प्रकाश में जो व्यर्थ है, व्यर्थ दिखाई पड़ जाएगा। और जो व्यर्थ दिखाई पड़ गया, उस पर तुम मुट्ठी बांधकर न रख सकोगे, उससे आलिंगन छूट जाएगा।

तजैं अल्यंगन काटैं माया, ताका बिसनु पषालैं पाया।

उसका पैर दबाने विष्णु आ जाते हैं! हिम्मत के वचन हैं। जिसने कहे होंगे, जरूर हिम्मतवर

आदमी था। इसलिए गोरख को मैं नहीं छोड़ पाता। चार में गिनती मुझे करनी पडती है। विष्णु से पैर दबवा दे जो लोगों के, उसकी कुछ तो हिम्मत है, कुछ तो साहस है! कोई साधारण आदमी नहीं है!

मरौ वे जोगी मरौ, मरौ मरन है मीठा।
तिस मरणी मरै, जिस मरणी गोरष मरि दीठा।।

प्रेम में मरना होता है। प्रेम मृत्यु है। और जो मरता है वही पाता है—शाश्वत को, अमृत को।

यह न रहीम सराहिए, लेन-देन की प्रीति
प्रानन बाजी राखिए, हार होय के जीत।
यह न रहीम सराहिए, देन-लेन की प्रीति
प्रानन बाजी राखिए, हार होय के जीत।

जीतो कि हारो, प्राण बाजी पर लगाने होंगे, तो ही...। यह प्रेम कोई लेन-देन का मामला नहीं है, यह कोई व्यवसाय नहीं है। तुम अपना पूरा दांव पर लगा देते हो। यह जुए का दाव है।

रहिमन मैन तुरंग चढ़ि, चलिबो पावक मांहि।
प्रेम-पंथ ऐसो कठिन, सब कोऊ निबहत नाहिं।।

रहीम ने कहा : रहिमन मैन तुरंग चढ़ि...। जैसे कोई मोम का घोड़ा बना ले, मोम के घोड़े पर बैठकर आग में से गुजरे।

रहिमन मैन तुरंग चढ़ि, चलिबो पावक माहिं।

मोम के घोड़े पर बैठकर आग से निकलना जितना कठिन है...। एक तो मोम का घोड़ा और फिर आग...निकल कहां पाओगे, निकल कैसे पाओगे? घोड़ा तो गल ही जाएगा।

रहिमन मैन तुरंग चढ़ि, चलिबो पावक माहिं।
प्रेम-पंथ ऐसा कठिन, सब कोऊ निबहत नाहिं।।

ऐसा है प्रेम का पंथ, ऐसा कठिन है। क्योंकि जो मरने को राजी हैं, वे ही केवल प्रेम में प्रवेश कर पाते हैं।

मरौ वे जोगी मरौ, मरौ मरन है मीठा।

लेकिन बड़ी मिठास है इस मृत्यु में...जो ध्यान की मृत्यु मर जाए, इससे ज्यादा और अमृतपूर्ण कोई अनुभव नहीं है। क्योंकि उस मृत्यु में मर कर ही पता चलता है कि अरे, जो मरा वह मैं था ही नहीं। और जो बच गया है मरने के बाद भी, वही मैं हूं। सार-सार बच रहता है, असार-असार जलकर राख हो जाता है।

मैं भी मृत्यु सिखाता हूं।

मरौ वे जोगी मरौ, मरौ मरन है मीठा।
तिस मरणी मरौ, जिस मरणी गोरष मरि दीठा।

गोरख कहते हैं : मैंने मरकर उसे देखा, तुम भी मर जाओ, तुम भी मिट जाओ। सीख लो मरने की यह कला। मिटोगे तो उसे पा सकोगे। जो मिटता है, वही पाता है। इससे कम में जिसने सौदा करन चाहा, वह सिर्फ अपने को धोखा दे रहा है। ऐसी एक अपूर्व यात्रा आज हम शुरू करते हैं। गोरख की वाणी मनुष्य-जाति के इतिहास में जो थोड़ी-सी अपूर्व वाणियां हैं, उनमें एक है। गुनना, समझना, सूझना, बूझना, जीना...। और ये सूत्र तुम्हारे भीतर गूंजते रह जाएं...

हंसिबा खेलिबा धरिबा ध्यानं। अहनिसि कथिबा ब्रह्मगियानं।
हंसै षेलै न करै मन भंग। ते निहचल सदा नाथ के संग।
मरौ वे जोगी मरौ, मरौ मरन है मीठा।
तिस मरणी मरौ, जिस मरणी गोरष मरि दीठा।।

आज इतना ही।

अज्ञात की पुकार

दो

प्रश्न-सार

हर बार यहां आती हूं तो बिना संन्यास लिए चली जाती हूं।
संन्यास का भाव तो कई बार मन में उठता है,
लेकिन लेने का साहस नहीं जुटा पाती हूं।
मैं डर जाती हूं। सोचती हूं : क्या इस मार्ग पर मैं आनंद से चल सकूंगी?
या रास्ता आधा छोड़कर वापिस लौट आना पड़ेगा?
छोड़ देती हूं संन्यास का भाव तो इस दुनिया में जहां मैं अब तक चल रही हूं,
चलना निरर्थक मालूम पड़ता है। मैं क्या करूं?
मार्ग बताने की अनुकंपा करें।

तंत्र, वाममार्ग, अघोरपंथ, नाथपंथ जैसे नामों से लोग क्यों डरते हैं?
इन मार्गों के सही विश्लेषण और सम्यक अभ्यास से क्या ऐसी संभावना नहीं है
कि लोग फिर नए आयाम से इन्हें समझें और इनकी और उपेक्षा न करें?

समाधि का पहला अनुभव कैसा होता है?

प्यारे प्रभु! प्रश्नों के अंबार लगे हैं, उत्तर चुप हैं
कौन सहेजे इन कांटों को, बगिया चुप है, माली चुप है
प्रश्न स्वयं में रहता चुप है, दिनकर चुप है, रातें चुप हैं
उठी बदरिया कारी-कारी, लगा अंधेरी बिलकुल घुप है
प्रभु, इस स्थिति का निराकरण करने की अनुकंपा करें

प्रार्थना क्या है?

पहला प्रश्न : हार बार यहां आती हूं तो बिना संन्यास लिए चली जाती हूं। संन्यास का भाव तो कई बार मन में उठता है, लेकिन लेने का साहस नहीं। जुटा पाती हूं। मैं डर जाती हूं। सोचती हूं: क्या इस मार्ग पर मैं आनंद से चल सकूंगी, या रास्ता आधा छोड़कर वापिस लौट आना पड़ेगा? छोड़ देती हूं संन्यास का भाव तो इस दुनिया में जहां मैं अब तक चल रही हूं, चलना निरर्थक मालूम पड़ता है।

मैं क्या करूं? मार्ग बताने की अनुकंपा करें!

चंद्ररेखा! नए का सदा ही भय लगता है। परिचित दुःखद भी हो तो भी परिचित है, भय नहीं लगता। ज्ञात आनंद न भी दे रहा हो तो भी सुरक्षा मालूम होती है; जाना-माना है। अनजान में उतरना, अपरिचित में उतरना... भय बिलकुल स्वाभाविक है। इसलिए भय की समस्या न बनाओ।

जब भी कोई व्यक्ति किसी नए मार्ग पर कदम बढ़ाता है तो झिझकता है। लेकिन नए पर कदम बढ़ाने से ही जीवन में विकास है। जो पुराने वर्तुल में ही घूमता रहता है, कोल्हू का बैल हो जाता है। सदा विचारणीय यह है कि जिस ढंग से मैं जी रहा हूं उस ढंग से जीने में आनंद उपलब्ध हो रहा है? अगर नहीं हो रहा है उपलब्ध तो जोखिम उठानी चाहिए। नए रास्ते, नई जीवन की पद्धति, नई खोज करनी ही होगी। इतना तो तय है कि तुम्हारे पास खोने को कुछ भी नहीं है। पुराने जीवन से आनंद तो मिला नहीं; मिल जाता तो नए की कोई जरूरत भी न थी। पुराना तो व्यर्थ हो गया, एक बात निश्चित है; नया सार्थक भी निकल सकता है, व्यर्थ भी निकल सकता है। मगर नए में कम-से-कम एक संभावना है सार्थक होने की। पुराना तो निचुड़ चुका; उसे तो देख लिया, समझ लिया, जी लिया, नहीं कुछ पाया। जैसे कोई रेत से तेल निचोड़ता हो...। अब कब तक रेत के साथ सिर मारना है?

मैं नहीं कहता कि नए से आनंद मिल ही जाएगा : क्योंकि आनंद मार्ग पर कम निर्भर होता है, मार्गी पर ज्यादा निर्भर होता है; पथ पर कम निर्भर होता है, पथिक पर ज्यादा निर्भर होता है। इसलिए असली बदलाहट पथ की नहीं होती, असली बदलाहट तो पथिक की होती है। मगर पथ

की बदलाहट से शुरुआत होती है। तुम बाहर हो, इसलिए बाहर से ही रूपांतरण शुरू करना होगा। बाहर को बदलने की हिम्मत जुटाओ तो भीतर बदलने की हिम्मत भी सघन होगी। और अगर थोड़ी बूंदें पड़ने लगीं आनंद की, तो उमंग और उत्साह से नए का अन्वेषण शुरू हो जाएगा।

मगर एक बात तो तय है कि तुम्हारे पास खोने को कुछ भी नहीं है। इसलिए व्यर्थ चिंता मत लो। मिला क्या है पुराने को पकड़े रहने से? तो खो भी कुछ न जाएगा। और जब खोने को कुछ नहीं तो डर क्या है? या तो कुछ मिलेगा; जयादा-से-ज्यादा यही होगा कि नए से भी नहीं मिलेगा। तो फिर और नए को खोजेंगे।

हमेशा ध्यान इसका करो कि जिस ढंग से हम जीये हैं, हम अब तक सोचे हैं, विचारे हैं, उससे कुछ मिला है या नहीं? विचार उसका करो। भविष्य का विचार मत करो कि क्या मिलेगा क्या नहीं मिलेगा, क्योंकि भविष्य तो अज्ञात है। संन्यास तो अपरिचित है। प्रयोग में उतरने से ही पता चलेगा। स्वाद लोगे तो ही पता चलेगा। स्वाद के पहले कैसे तय करोगे कि स्वादिष्ट है वस्तु या नहीं? किसी पर भरोसा करना होगा—किसी ने, जिसने स्वाद लिया हो।

यहां तुम आती हो चंद्ररेखा। मैंने स्वाद लिया है। मैं तुम्हें कहता हूं : आओ, बढ़ो। और यहां बहुत हैं जो मस्त हो रहे हैं, डूब रहे हैं। उनकी मस्ती और डुबकी देखकर ही तो तुम्हारे मन में भी संन्यास का भाव उठता है, नहीं तो संन्यास का भाव क्यों उठे? तुम्हारा हृदय आंदोलित हो रहा है, सिर्फ तुम्हारा मस्तिष्क बाधा डाल रहा है।

मस्तिष्क सदा ही रूढ़िवादी होता है। हृदय सदा नए के साथ जाने को आतुर होता है, और मस्तिष्क सदा पुराने के साथ बंधा रहने के लिए तैयार...। मस्तिष्क के पास अतीत के अतिरिक्त कुछ भी नहीं है। मस्तिष्क के पास जो भी है, स्मृति की संपदा है। वह सब अतीत है। मस्तिष्क का भविष्य होता ही नहीं। कोई भी चीज मस्तिष्क का हिस्सा बनती है, जब अतीत हो जाती है। जब तुम्हारा अनुभव हो जाता है, तब मस्तिष्क का हिस्सा बनता है। मस्तिष्क जीता है अतीत में, मुर्दा में; इसलिए मस्तिष्क डरता है भविष्य में जाने में, हृदय सदा तैयार है छलांग लेने को।

तुम्हारा हृदय तो उछाह से भरा है। तुम्हारा हृदय तो उठा लेना चाहता है कदम। मस्तिष्क चालाकियां बरत रहा है। मस्तिष्क कहता है : ठहरो, सोचो, पहले निर्णय करो; कहीं ऐसा न हो कि जाओ भी नए पथ पर और कुछ न मिले! कहीं ऐसा न हो कि बीच से लौट आना पड़े! कहीं ऐसा न हो कि जीवन की पद्धति बदलो, इतना श्रम उठाओ और श्रम के अनुकूल पुरस्कार न हो!...तो थोड़ा सोचो, गणित बिठाओ, हिसाब लगाओ।

लेकिन मस्तिष्क की सुनी अगर तो कभी कदम उठ न सकेगा।

थोड़ा सोचो, छोटा बच्चा मां के पेट में है अभी। जन्म होने के करीब है। अगर मस्तिष्क हो, अगर बुद्धि पैदा हो गई हो, तो बुद्धि कहेगी : कहां जाते हो? जीवन की यह प्रक्रिया, यह ढंग, यह गर्भ में रहना कितना सुखद है! कोई झंझट नहीं, कोई चिंता नहीं, कोई दायित्व नहीं, चौबीस घंटे सोए रहो। कहां जाते हो? पता नहीं बाहर क्या होगा—कौन-सी मुसीबतें आएं, कौन-सी चुनौतिया आएं।

अगर बच्चे के पास थोड़ा गणित हो, तर्क हो, तो कोई बच्चा मां के गर्भ से पैदा ही न हो।

लेकिन गणित नहीं होता, गणित बाद में आता है—सौभाग्य की बात। तर्क बाद में आता है। बच्चे के पास तो सिर्फ हृदय होता है—नए के लिए आतुर, उत्सुक।

अगर हम बुद्धि की बात मानकर चलें तो पृथ्वी जराजीर्ण से भर जाती है। इस देश में ऐसा ही हुआ है, लोगों ने अतिशय बौद्धिकता के साथ अपने गठबंधन बना लिए हैं। इसलिए यह देश जराजीर्ण हो गया है। इस देश में यौवन नहीं रहा। यह खंडहरों में जी रहा है। यह अब भी अतीत के ही गुणगान करता है। इसके पास कोई उमंग नहीं है नए के लिए। यह गिर गए पीले पत्तों की प्रशंसा करता है; नई जो कोंपलें खिलती हैं उनकी तरफ पीठ फेर लेता है। यह पूजता है पत्थरों को, जड़ को, अतीत की लकीरों को। यह लकीर का फकीर हो गया है। और ऐसा ही सारे लोगों का चित्त हो गया है।

हिम्मत जुटानी पड़ेगी!

और मैं तुमसे इतना कहता हूं कि नए के साथ हारने में भी जीत है, पुराने के साथ जीतने में भी जीत नहीं। पुराने के साथ सुख भी मिले तो ज्यादा-से-ज्यादा उसका अर्थ सुविधा होती है। नए के साथ दुःख भी मिले तो भी विकास होता है। नए के साथ पाया गया दुःख ही तपश्चर्या है; उसे ही मैं तपश्चर्या कहता हूं। धूल लगाकर, शरीर पर पोतकर बैठ गए, या कांटों की शैया बनाकर लेट गए, या उपवास किया, इस सबको मैं तपश्चर्या नहीं कहता; इस सब को तो मैं रुग्णचित्त की मूढ़ता कहता हूं।

तपश्चर्या तो एक है—नए के साथ जाने का साहस, अज्ञात में उतरने की हिम्मत! जैसे छोटा बच्चा मां के गर्भ को छोड़ता है!

अभी तो दिन पहले, पास के ही एक वृक्ष पर, एक चिड़िया अपने बच्चों को बड़ा कर रही थी। रोज-रोज बच्चे बड़े होते चले गए। दो दिन पहले, पहली बार घोंसले से बाहर निकले। जब वे पहली बार घोंसले से बाहर निकले, मैं उनके पास खड़ा था। दोनों बैठ गए शाखा पर—बड़े आश्चर्य-विमुग्ध, पर तौलते हुए, सोचते-विचारते, आगे कदम बढ़ाना कि नहीं! अभी तक घोंसले से बाहर नहीं आए थे और उनकी मां दूर वृक्ष पर बैठकर पुकार दे रही है, गुहार दे रही है। यही ढंग है बच्चों को बुलाने का। ...पुकार रही है, आवाज दे रही है। उसकी आवाज देखकर वे फड़फड़ाते हैं। पर मोह घोंसले का, सुरक्षा...। और पहले कभी पंख तो खोले नहीं...तो पंख खोलना या नहीं, उड़ पाएंगे हम या नहीं?

उनकी दुविधा देखकर नए-नए संन्यास लेते व्यक्तियों की दुविधा का मुझे स्मरण आया। ऐसे ही पर तौलते हैं, सोचते हैं, घबड़ाते हैं, पीछे लौटकर देखते हैं। लेकिन कब तक? मां थी कि पुकार गई, कि आवाज दिए गई, कि टेर पर टेर...। कोई आधा घंटा लगा। धीरे-धीरे पंख फड़फड़ाए, थोड़े दूर हटे घोंसले से...। उसी वृक्ष पर दूसरी शाखाओं पर बैठे। थोड़ा भरोसा बढ़ा, थोड़े पंख मारे हवा में, फिर लौट आए। थोड़ा और भरोसा बढ़ा, फिर उड़ गए...। तब से पता नहीं है। दो दिन से मैं देख रहा हूं रोज, फिर नहीं लौटे, अब क्या लौटना? पड़ा रह गया है घोंसला, पड़े रह गए हैं उसमें दो अंडे, टूटे-फूटे। पक्षी भी हिम्मत जुटा लेते हैं आकाश में उड़ने की, जो कभी नहीं उड़े; और मनुष्य होकर भी हम हिम्मत नहीं जुटा पाते।

मैं तुम्हें पुकार रहा हूं दूर वृक्ष से, टेर दे रहा हूं। यह रोज टेर चल रही है।

तुम कहती हो : हर बार यहां आती हूं तो बिना संन्यास लिए चली जाती हूं। संन्यास का भाव तो कई बार मन में उठता है, लेकिन लेने का साहस नहीं जुटा पाती।

चंद्ररेखा, थोड़े पर फड़फड़ाओ, थोड़े नए की पुलक से भरो, थोड़ी हिम्मत जुटाओ। पंख तुम्हारे पास हैं। मैं तुम्हें आकाश से बुलाता हूं। मैं तुम्हें दूर का निमंत्रण दे रहा हूं। ऐसा नहीं कि तुम्हारे पंख नहीं; उतने ही पंख हैं जितने मेरे पास, सिर्फ भरोसा नहीं है। और भरोसा आए कैसे? उड़ो तो आए। इतना कह सकता हूं कि नए के साथ मिला दुःख भी बहुत प्रीतिकर है। और नए में थोड़ा दुःख तो मिलेगा। क्या तुम सोचते हो, वे जो बच्चे हैं पक्षियों के, उड़े, पीड़ा नहीं हुई होगी? हवा के झोंके...। रात वर्षा हुई...किसी वृक्ष पर बैठे होंगे बिना घोंसले के अब। पंख भीग गए होंगे। ठिठुरते होंगे सर्दी में...। मन में खयाल भी आता होगा—अपना घोंसला अच्छा था, इस किस झंझट में पड़ गए? लेकिन फिर भी आकाश में उड़ने का आनंद ऐसा है कि यह सब कीमतें चुकाई जा सकती हैं। चुकानी ही पड़ती हैं! और जो चुकाता है कीमत, वही पाता है।

गंध से बोझिल पवन है,
और फिर चंचल चरण हैं।
कौन-सा मौसम लगा है?
दर्द भी लगता सगा है।।
अनमिली स्वर लहरियों के गीत जादू डालते हैं।
शारदी मेघों के गीत जादू डालते हैं।
आज तो वश में न मन है।
गीत से भीगा गगन है।
प्राण को किसने ठगा है?
दर्द भी लगता सगा है।।
ओ उदासी की किरण! भटकी हुई क्या कह रही है तू?
धुंधलके के पार यूं निस्सार ही क्यों बह रही तू?
प्रीत का कोई वचन है।
नित निभाना प्रणय प्रण है।
नयन में सपना जगा है।।
दर्द भी लगता सगा है।।
पूर्ण यौवन-भार खेतों में लचकती सांध्य-वेला।
बांसुरी के स्वर सरीखा एक मेरा स्वर अकेला।

टेरता मानो विजन है।
और तन मन में चुभन है।
कौन-सा मौसम लगा है?
दर्द भी लगता सगा है।।

नए के साथ दर्द भी बहुत सगा है; पुराने के साथ सुविधा भी सिर्फ धीमी-धीमी आत्महत्या है, और कुछ भी नहीं।

क्या है छोड़ने को, क्या मिट जाएगा? पाया ही कुछ नहीं तो छूटेगा क्या?

इसलिए खोजो। और तब तक खोजते ही रहो जब तक मिल न जाए। तब तक कदम न रुकें, तब तक पंख बंद न हो। चाहे कितना ही भय लगे, पर तौलने ही होंगे, आकाश में उड़ना ही होगा। और चुनौती जग गई है; कब तक झुठलाओगी, कब तक लौट-लौट जाओगी? यह लौट जाना आदत न बन जाए। यह लौट जाना भी लकीर न बन जाए। इसके पहले कि यह आदत बन जाए, कुछ करो, कुछ जगो, कुछ साहस जुटाओ।

पार करना चाहते हो इस गरजते सिंधु को यदि।
प्राण लेकर आज लहरों में उतरना ही पड़ेगा।।

ये तरंगें दूर से चलकर तुम्हारे पास आतीं।
उस नए जग के नए संदेश अपने साथ लातीं।
कूल पर बैठे गगन करते रहोगे और कब तक?
हो मुखर उस पार वीणाएं मधुर तुमको बुलातीं।
चाहते यदि तुम नया जीवन, नया यौवन, नया मन।
आज बाहों में उमड़ता सिंधु भरना ही पड़ेगा।।

तुम नया विश्वास लेकर पग बढ़ाओ आज अपना।
तुम नया इतिहास लेकर दृग उठाओ आज अपना।
छूट जाने दो बहुत पीछे पुराने इस गगन को।
तुम नया आकाश लेकर जग सजाओ आज अपना।
प्राण में यदि हो रहे मुखरित नए निर्माण के स्वर
आज कण-कण का नया श्रृंगार करना ही पड़ेगा।

यह प्रलय की पीर ही नव-सृष्टि का मधुगान होगी।
यह तिमिरता ही निशा की सूर्य का वरदान होगी।
इस पुरातन जर्जरित युग-मूर्ति को अब टूटने दो।

जिस शिला पर हाथ रख दोगे वही भगवान होगी।
तुम हिमालय के स्वजन हो सिंधु की गहराई ही क्या?
आज पंखों में असीमित व्योम भरना ही पड़ेगा।।

पार करना चाहते हो इस गरजते सिंधु को यदि।
प्राण लेकर आज लहरों में उतरना ही पड़ेगा।।

उतरो! डूबने का भय लगता है तो भी उतरो। सभी नए तैरना सीखनेवालों को डूबने का भय लगता है। जो डूबने के भय से रुक ही गया है किनारे पर, वह तो जान ही न पाएगा आनंद तैरने और तिरे का; और दूर है किनारा दूसरा, और वही है मंजिल। जाना है पार, तो ही परमात्मा मिले।

संन्यास तो केवल एक छोटी-सी नौका है—उस पार जाने की! माना, दूर धुधलके में छिपा उस पार का किनारा दिखाई तो पड़ता नहीं। इसलिए किसी आखवाले से संबंध जोड़ना होता है। इसलिए किन्हीं आंखवालों के पास उठना-बैठना होता है, ताकि तुम्हारे भी सोए हुए स्वर धीरे-धीरे सबल हो जाएं। तुम्हारी वीणा पर भी चोट पड़े!

चंद्ररेखा, इसीलिए तू आती रही। इस आने का कुछ अर्थ न रह जाएगा, अगर इस रस में न डूबी। तो फिर ऐसा ही होगा, सरोवर तक आए और प्यासे ही लौटते रहे। सरोवर तक आने से प्यास नहीं बुझती: अंजुली बनानी होगी, झुकना होगा, जल भरना होगा, कंठ में उतरना होगा, तो प्राण तृप्त होते हैं।

संन्यास झुकने की प्रक्रिया है—अंजुली बांधने की।

दूसरा प्रश्न : तंत्र, वाममार्ग, अघोरपंथ, नाथपंथ जैसे नामों से लोग क्यों डरते हैं? इन मार्गों का सही विश्लेषण और सम्यक अभ्यास से क्या ऐसी संभावना नहीं है कि लोग फिर नए आयाम से इन्हें समझें और इनकी निंदा और उपेक्षा न करें?

तरु ने पूछा है। और एक नहीं चौदह प्रश्न पूछे हैं। मुझे भी गिनती करनी पड़ी। ऐसा उसने कभी किया नहीं। गोरख से कुछ संबंध रहा है... कोई सोयी स्मृति जग गई, कोई झरना फूट पड़ा।

यहां कोई भी नया नहीं है, सभी पुराने हैं। न मालूम कितने पथों पर चले हैं। न मालूम किन-किन सदगुरुओं के साथ रहे हैं। मेरे पास आ जाना तुम्हारा आकस्मिक नहीं है। चलते रहे हो, खोजते रहे हो। वही खोज तुम्हें यहां ले आई है। जो नहीं चले हैं कभी, जिन्होंने कभी खोजा नहीं है, उनसे मेरा संबंध भी बहुत मुश्किल से बन पाता है। वे आ भी जाते हैं तो छिटक जाते हैं। आकस्मिक होता है उनका आना। उनके आने के पीछे कुछ आधारशिला नहीं होती। जो मेरे पास आकर टिक जाते हैं, रुक जाते हैं... और तरु आई है सो टिक ही गई है... उसका अर्थ यही है: उनके प्राणों की कोई गहरी तृषा तृप्त हो रही है। बहुत-बहुत द्वारों से जो खोजा है और नहीं मिल पाया है, उसकी झलक मिलने लगी है, मंजिल करीब आ रही है।

गोरख से कुछ संबंध रहा होगा तरु, कुछ नाता रहा होगा। जैसे कोई पुराना सोया हुआ गीत फूट पड़ा हो, ऐसे उससे प्रश्न फूटे हैं और सभी प्रश्न सार्थक हैं। कोई भी प्रश्न बौद्धिक नहीं है, पूछने के लिए नहीं पूछा गया है, उठा है। पूछना चाहिए, इसलिए कुछ सोच-सोचकर नहीं पूछा गया है। पूछने से नहीं रुक सकी है। फिर खुद भी डर गई होगी कि अब चौदह प्रश्न लिखे है, तो फिर क्षमा भी मांगी है कि मुझ पर नाराज मत होना। इतने प्रश्न . . . जैसे विवश थी। पूछना ही पडा है। न पूछे नहीं बनेगा।

उन्हीं चौदह में से एक प्रश्न यह है :

तंत्र, वाममार्ग, अघोरपंथ, नाथपंथ जैसे नामों से लोग क्यों डरते हैं?

पहली बात, ये सब नाम तंत्र के ही नाम हैं। तंत्र का ही एक नाम वाममार्ग है। वाममार्ग का अर्थ होता है : बाएं हाथ का रास्ता। तुम्हारे पास दो हाथ हैं : एक दाया हाथ है, एक बायां हाथ है। ये दो हाथ बस दो हाथ ही नहीं हैं, इनके पीछे बड़े राज छिपे हैं। तुम्हारा दाया हाथ तुम्हारे बायें मस्तिष्क के खंड से जुड़ा है, उल्टा। तुम्हारा बायां हाथ तुम्हारे दाएं मस्तिष्क के खंड से जुड़ा है। मस्तिष्क से जुड़ा है। मस्तिष्क दो खंडों में बंटा है। अब तो विज्ञान ने इस पर बडी खोज की है। और उस खोज ने बड़े रहस्य प्रगट किए हैं। तुम्हारा दायां मस्तिष्क, जो कि बाएं हाथ से जुड़ा है, काव्य का स्रोत है—अनुभूति का, भाव का, कला का, प्रज्ञा का, आनंद, मस्ती, नृत्य, संगीत, उत्सव, कल्पना। जो भी मधुर है, जो भी स्त्रैण है, जो भी सुंदर है, उस सब का जन्म तुम्हारे दाएं मस्तिष्क में होता है। उस दाएं मस्तिष्क का प्रतीक है बायां हाथ।

तुम्हारा दायां हाथ जुड़ा है बाएं मस्तिष्क से। बाएं मस्तिष्क में पैदा होता है : तर्क, गणित, कर्मठता, कार्यकुशलता, चालाकी, राजनीति, कूटनीति, संसार, गद्य, विज्ञान, हिसाब-किताब, उपयोगिता, बाजार। इस सब का संबंध बाएं मस्तिष्क से है। संसार सदा से दाएं हाथ पर जोर देता रहा है, क्योंकि दाएं हाथ में उपयोगिता है, हिसाब-किताब है, गणित है, तर्क है, बाजार है, दूकान है, व्यवहार है। बायां हाथ खतरनाक मालूम होता रहा है, सदा से खतरनाक मालूम होता रहा है। कवि का क्या भरोसा! गणितज्ञ का भरोसा किया जा सकता है। नर्तक का क्या भरोसा! वैज्ञानिक का भरोसा किया जा सकता है। फिर विज्ञान का उपयोग है, नृत्य का क्या उपयोग है? नृत्य तो है स्वांतः सुखाय। यह जो बायां हाथ है वह तुम्हारे भीतर स्वांतः सुखाय का प्रतीक है। इसका कोई लक्ष्य नहीं है। इसकी कोई दिशा नहीं है। यह कहीं जा नहीं रहा है। यह तो इसी क्षण में आनंद-मस्त, मुग्ध होकर जीने की कला है।

कविता का क्या मूल्य है? न तो पेट भर सकता है, न तन ढग सकता है, न छप्पर बन सकता है। तो कवियों को हमने थोड़ा-बहुत सम्मान दिया है एक अनुपात में; जैसे सजावट की तरह लेकिन गैर-जरूरी। एक-आध आदमी कवि हो जाए समाज में, हम बर्दाश्त करते हैं; लेकिन हम कवियों की जमात बर्दाश्त नहीं करेंगे, क्योंकि कवि किसी काम का नहीं मालूम पड़ेगा। उसकी उपयोगिता क्या है?

किसी ने पिकासो को पूछा कि तुम्हारे चित्रों की उपयोगिता क्या है? उसने अपना सिर पीट लिया। उसने कहा : फूलों से नहीं पूछते कि तुम्हारी उपयोगिता क्या है; और कोयल गीत गाती है,

उससे नहीं पूछते कि तुम्हारी उपयोगिता क्या है; और आकाश तारों से भर जाता है तब नहीं पूछते कि तुम्हारी उपयोगिता क्या है! मुझसे ही क्यों पूछते हो?

यह कवि और चित्रकार और मूर्तिकार और संगीतज्ञ सदा से कहते रहे हैं—हमारी कोई उपयोगिता नहीं है। मगर जीवन उपयोगिता पर ही समाप्त नहीं होता। जीसस का वचन याद करो : मैन कैन नाट लिव बाय ब्रेड अलोन। आदमी अकेली रोटी से तो नहीं जी सकता, कुछ और भी चाहिए। रोटी से कुछ ज्यादा चाहिए। रोटी जरूरी है, मगर काफी नहीं; आवश्यक है, मगर पर्याप्त नहीं। रोटी के बिना कविता नहीं हो सकती, यह सच है; मगर अगर कविता के बिना रोटी हो तो जीवन हुआ न हुआ बराबर है। रोज पेट भर लिया, जी लिए, और मर लिए। अगर जीवन में काव्य न जगा, गीत न उठा, वीणा न बजी, बांसुरी पर संगीत न खिला तो क्या सार है?

स्वांतः सुखाय रघुनाथ गाथा! जो स्वांतः सुख से भरा है, वही उस परमप्रिय के भाव से भी भरता है।

इसलिए बायां हाथ सदा से खतरे का सूचक रहा है। इसलिए जिनसे भी हम डरते हैं, उनको हम वाममार्गी कहते हैं। जिनसे हम भयभीत होते हैं, उनको हम वाममार्गी कहते हैं। तुम्हें हजारों लोग मिल जाएंगे जो मुझे वाममार्गी कहते हैं। ठीक ही कहते हैं। मैं वाममार्गी हूं, क्योंकि मैं तुम्हें स्वांतः सुखाय की कला सिखा रहा हूं। हिसाब-किताब ही सब कुछ नहीं है, हिसाब-किताब के बाहर भी एक जगत है और वही जगत तृप्तिदायी है, उसी जगत में परितोष है। उसी जगत में प्रकाश है।

जरूरतें पूरी होनी चाहिएं, ठीक है। फिर क्या करोगे? जरूरतें पूरी हो जाएंगी, फिर क्या करोगे? आज पश्चिम में यही अड़चन आ गई है, जरूरतें पूरी हो गईं। जो बाहर की जरूरतें थीं, पश्चिम ने पूरी कर लीं। समझना कठिनाई। जरूरतें पूरी करने के लिए बाएं हाथ से जुड़े हुए दाएं मस्तिष्क का कोई उपयोग नहीं किया। इसलिए पश्चिम ने धर्म को इंकार कर दिया, काव्य को इंकार कर दिया, संगीत को इंकार कर दिया—रहस्य की सारी विधा इंकार कर दी। ठीक गणित, विज्ञान, पदार्थ, ठोस जिसका प्रमाण है उस पर ही पश्चिम जी रहा है। तीन सौ साल के सतत प्रयोग ने, दाएं हाथ के प्रयोग ने, पश्चिम को समृद्ध बना दिया। धन है, दौलत है, मकान है, सुंदर रास्ते हैं, सुस्वादु भोजन है, भरपेट भोजन है, सब जरूरत से ज्यादा है। एक संपन्नता का युग पश्चिम में आ गया है। लेकिन तीन सौ साल निरंतर, वह जो स्वांतः सुखाय का स्रोत है, उसको इंकार करके आया।

तो पश्चिम संपन्न हो गया, लेकिन अब क्या करें? क्योंकि उसके पास सिर्फ सुख को भोगने की कला ही नहीं बची। पश्चिम किंकर्तव्यविमूढ़ है। अब कहां जाएं, अब क्या करें? काम का जगत जो हो सकता था हो चुका। पश्चिम के भीतर बड़ी बेचैनी है। रविवार के दिन भी पाश्चात्य मनुष्य छुट्टी नहीं मना पाता। छुट्टी मनाने की आदत ही भूल गई। काम और काम और काम...। काम पर इतना जोर दिया है कि काम को भगवान बना दिया! तो लीला की कला भूल गई। तो बैठकर हंसे-बोलें, कि वीणा बजाएं, कि बगिया में घास उगाएं, कि मस्त हो कर लेट जाएं तारों तले, कि नौका-विहार करें...। नहीं, यह सारी बात अर्थहीन है। क्योंकि तीन सौ साल एक ही बात दोहराई और सिखाई गई है स्कूल से लेकर विश्वविद्यालय तक कि काम का मूल्य है।

तो आज अगर कोई आदमी अपनी नाव पर लेटा हुआ आकाश के तारों के नीचे तिर रहा है झील में, तो उसे लगता है कि मैं कोई पाप कर रहा हूं; क्योंकि काम पुण्य है, मैं पाप कर रहा हूं। एक अपराधभाव पैदा हो गया है सुख के क्षण में। जब भी तुम सुखी होते हो, तुमको लगता है कि कुछ तुम गलती कर रहे हो, कुछ भूल कर रहे हो। क्या कर रहे हो, गीत गुनगुना रहे हो! कंठ में ही दबा देना चाहते हो गीत को। इससे क्या होगा? तर्क उठ आते हैं, गणित खड़ा हो जाता है—इससे क्या होगा, इससे क्या लाभ है? क्यों यह बांसुरी बजा रहे हो, कुछ काम करो!

मेरे पास लोग आते हैं, वे कहते हैं : आप लोगों को ध्यान सिखाते हैं! ध्यान से क्या होगा? कुछ काम सिखाइए।

काम की उपयोगिता है। और मैं नहीं कहता कि काम छोड़ दो, मगर मैं तुमसे यह कहना चाहता हूं कि काम की उपयोगिता यही है कि तुम बेकाम क्षणों में आनंदित हो सको। काम का उपयोग यही है कि तुम निष्काम हो सको। छह दिन तुम बाजार में मेहनत करते हो वह इसीलिए ताकि सातवें दिन पांव पसारो, धूप में लेटो, कि वृक्ष की छाया तले बैठो, कि फूल से बात करो, कि चांद-तारों से गुफ्तगू हो, कि मस्ती के गीत गाओ, कि पैरों में घूंघरू बांधो और नाचो। यह लक्ष्य था छह दिन मेहनत करने का। और जब पांच दिन मेहनत करने से काम चल जाए तो पांच दिन मेहनत करना, दो दिन नाचना। जब चार दिन मेहनत करने से काम चल जाए तो तीन दिन... ऐसे घटाते जाना। काम को तो घटाते जाना है। विश्राम को बढ़ाते जाना है। विश्राम लक्ष्य है।

जिनके जीवन में विश्राम नहीं है, ध्यान नहीं है, उनके जीवन में विक्षिप्तता आनी शुरू हो जाती है; जैसे ही काम पूरा हुआ, उनकी समझ में नहीं आता अब क्या करें? अगर पश्चिम में बहुत लोग पागल हो रहे हैं तो इसका कारण है : काम के दिन तो समाप्त हो गए, काम पूरा हो गया। काम को ही जीवन समझा, अब जीवन समझ में नहीं आता कि और जीवन क्या हो सकता है? बहुत लोग आत्महत्या कर रहे हैं; उसका कारण भी वही है। क्या सार है अब जीने का? अब धन को जोड़-जोड़कर इकट्ठा कर लिया, अब कितना जोड़ते जाएं? यह भूल ही गए कि धन किसलिए जोड़ते थे? धन जोड़ते थे ताकि किसी क्षण विश्राम से बैठेंगे, कोई चिंता न होगी। वह तो भूल ही गए, क्योंकि धन जोड़ने में मस्तिष्क के एक हिस्से का उपयोग किया। वह हिस्सा तो सक्रिय हो गया। और जिस हिस्से का उपयोग नहीं किया, वह धीरे-धीरे बिलकुल धूल-धवांस से भर गया।

वाममार्ग का अर्थ होता है : जीवन का लक्ष्य काम नहीं है, विश्राम है। जीवन का लक्ष्य धन नहीं है, ध्यान है। जीवन का लक्ष्य गणित नहीं है, काव्य है। जीवन का चरम शिखर विज्ञान से उपलब्ध नहीं होगा, धर्म से उपलब्ध होगा।

सदा से 'वाममार्ग' निंदा का शब्द रहा। और अतीत में तो स्वभावतः कारण भी थे। क्योंकि जितने तुम पीछे जाओगे उतनी दुनिया दीन थी, दरिद्र थी, साधन नहीं थे। उन दीन-दरिद्र के दिनों में अगर लोगों ने काम को बहुत बहुमूल्य बना दिया, बहुत कीमत दी, स्वाभाविक मालूम होता है, और लोगों ने काम की जगह विश्राम को मूल्य दिया, उनसे अगर समाज ने विरोध किया तो कुछ आश्चर्य नहीं है। मगर पुरानी आदत अब भी ग्रंथि की तरह बनी रह गई। अब भी हमारे भीतर भय है।

फिर, जो गणित, हिसाब-किताब वाला मन है, वह सदा से उन सारी चीजों का विरोधी रहा

है, जिनसे तुम्हारे भीतर सुख उत्पन्न होता है। वह स्वाद का विरोधी है, तो वह अस्वाद का व्रत सधवाता है; सौंदर्य का विरोधी है, तो वह कुरूपता को आध्यात्मिक बना लेता है; वह अस्वास्थ्य का भी विरोधी है, क्योंकि स्वास्थ्य भी शारीरिक सुख है।

जर्मनी के एक प्रसिद्ध विचारक काउंट केसरलिंग ने भारत की यात्रा के बाद अपनी डायरी में लिखा कि भारत जाकर मुझे यह अनुभव हुआ कि बीमारी में एक आध्यात्मिकता है, स्वास्थ्य में एक तरह की नास्तिकता है। क्योंकि स्वास्थ्य शरीर का होता है। इसलिए आध्यात्मिक व्यक्ति को स्वास्थ्य का रस नहीं लेना चाहिए। वह तो देह का दुश्मन है। इसीलिए प्रेम का दुश्मन हो गया है संसार, क्योंकि प्रेम बड़ा सुख है। सारी चीजों की दुश्मनी साध ली।

वाममार्ग ने इसके विपरीत संदेश दिया है। वाममार्ग कहता है : प्रेम करो प्रार्थना है और प्रेम परमात्मा है। और वाममार्ग है। और वाममार्ग कहता है : कुछ भी छोड़ना नहीं है, क्योंकि जो भी परमात्मा ने दिया है उसकी उपयोगिता है; उसका उपयोग करो और उसे सीढ़ी बनाओ। उसे परमात्मा के मंदिर की सीढ़ी बनाओ, ऊपर उठो। कामवासना की भी सीढ़ी बनाओ, उसका भी विरोध मत करो।

वाममार्ग का अदभुत संदेश है कि अगर तुम बुद्धिमान हो तो तुम जहर का ऐसा उपयोग करोगे कि वह औषधि हो जाए; अगर तुम हो तो तुम औषधि को भी जहर बना लोगे। यह बुनियादी सूत्र है वाममार्ग का कि बुद्धिमान जहर को भी औषधि बना लेता है। यही तो बुद्धिमानी है। भगोड़े कायर होते हैं, बुद्धिमान नहीं होते। वाममार्ग भगोड़ा नहीं है।

इस ससार में अब तक भगोड़ों की प्रतिष्ठा रही है। उसका कारण है, क्योंकि भगोड़ों को देखकर तुम्हें यह समझ में आने लगता है कि वे हम से विशिष्ट हैं। तुम धन के पीछे पागल हो और एक आदमी ने लात मार दी धन को और जंगल चला गया, तुम तत्क्षण प्रभावित हो जाते हो। तुम प्रभावित इसलिए हो जाते हो कि मेरा इतना धन में मोह है, और इस आदमी में जरूर कुछ गरिमा है, इसने लात मार दी! इसलिए तुम महावीर से ज्यादा प्रभावित होते हो बजाय जनक के। जनक का नाम कुछ ज्यादा सुना ही जाता है। तुम बुद्ध से ज्यादा प्रभावित हो जाते हो, क्योंकि वे राजमहल छोड़कर जाते हैं। तुम कृष्ण की अगर प्रशंसा भी करते हो तो थोड़े दबे-दबे कंठ से, थोड़े डरे-डरे, थोड़े भयभीत।

अगर लोग कृष्ण की प्रशंसा भी करते हैं तो गीता वाले कृष्ण की करते हैं; पूरे कृष्ण को, स्वीकार करने की हिम्मत बहुत कम लोगों की है। क्योंकि कृष्ण तो तुम्हारे जैसे ही मालूम पड़ते हैं, बल्कि तुमसे भी आगे बढ़े हुए हैं। तुम किसी तरह अपने को समझा लेते हो कि चलो वे भगवान थे. किया होगा, नाचे होंगे गोपियों के साथ; मगर यह आदमी के लिए शोभा नहीं देता। तुम शायद कृष्ण को भगवान कह कर बच जाना चाहते हो। तुम एक बहाना खोजते हो। तुम्हारा चित्त तो गडबड होने लगता है। तुम्हें बेचैनी होने लगती है।

मै एक घर में मेहमान था—एक हिंदू परिवार में। सभ्रात परिवार है, कुलीन परिवार है। कोई दस-बारह साल पहले की बात है। मेरी किताब 'सभोग से समाधि की ओर' छपी थी। वे बड़े बेचैन थे। उन्होंने मुझसे कहा कि आप नाम कम-से-कम कोई और रख देते। क्योंकि किताब तो जब

कोई पढ़ेगा तब जानेगा कि क्या है उसमें, मगर यह नाम बड़ा खतरनाक है; आप नाम कुछ और रख देते। फिर जो पहला संस्करण था, उस पर खजुराहो की मूर्तियों का चित्र छपा था कवर पर। वे कहने लगे कि यह भी आपको क्या सूझा! अगर नाम भी यह था तो भी अगर बुद्ध को ध्यान की अवस्था में बैठा हुआ बताया होता कवर पर, तो भी चल जाता... खजुराहो की मूर्तियां! किताब तो कोई पीछे पढ़ेगा, यह सब देखकर तो बड़ी बेचैनी हो जाएगी।

मैं उनके बैठकखाने में बठा था, मैंने कहा दीवाल पर देखो...। वहां एक बड़ी तस्वीर टांग रखी थी उन्होंने कृष्ण की, जिसमें उन्होंने वस्त्र चुरा लिए हैं, नग्न स्त्रियों के, जो नदी में नहा रही है, और झाड़ पर बैठे हैं। मैंने कहा : इसको तुम बैठकखाने में लगाए हो? उन्होंने ऊपर देखा, एक क्षण को तो रुक गए। शायद उन्होंने कभी इस तरह सोचा नहीं था। उन्होंने कहा : आप ठीक कहते हैं। यह लगी है तस्वीर, यह पिता के जमाने से लगी है। और कभी-कभी मुझे संकोच होता भी है, लेकिन इस पर कोई ध्यान देता नहीं; क्योंकि यह भगवान है; ठीक कर रहे हैं।

इसको हमने स्वीकार कर लिया है। मगर दोबारा जब मैं उनके घर गया, तस्वीर हट गई थी। मैंने उनसे पूछा, क्या हुआ? तो उन्होंने कहा कि नहीं, जिस दिन से आपने इशारा किया, मैं सचेत हो गया। फिर मुझे बड़ी बेचैनी होने लगी। फिर मैंने कहा इस तस्वीर को हटा ही देना उचित है। तो तस्वीर हटा दी।

तुम्हारा कृष्ण का स्वीकार भी अधूरा-अधूरा है। तुम कृष्ण से बहुत-सी बातें कांट-छांट कर डालना चाहोगे। तुम कृष्ण से संशोधन करने को सदा तत्पर हो। कृष्ण को लोग अपने-अपने हिसाब से मानते हैं। जितना मान सकते हैं उतना मान लेते हैं, बाकी छोड़ देते हैं। क्या अड़चन है? अड़चन यहां है कि महावीर तो तुम्हें साफ और अपने से विपरीत जाते मालूम पड़ते हैं, तुम पहचान ले सकते हो, क्योंकि तुम्हें मालूम है अपने लोभ का, अपने काम का, अपने क्रोध का, अपनी लिप्सा का तुम्हें पता है। और ये उसको छोड़कर जा रहा है! विशिष्ट हैं, अब कोई प्रमाण की जरूरत नहीं है। लेकिन कृष्ण? ये वहीं खड़े हैं, उसी संसार में जहां तुम खड़े हो।

कृष्ण को पहचानने के लिए बड़ी गहरी आंख चाहिए! महावीर को पहचानना अंधे के भी बस की बात है, कोई अड़चन नहीं है। अंधा भी पहचान लेगा कि ठीक, सब छोड़कर चले गए! लेकिन कृष्ण को पहचानने के लिए तो जब तक भीतर की आंख न खुली हो, तब तक पहचान मुश्किल है। क्योंकि वे वहीं खड़े हैं, भेद तो कुछ भी नहीं है। ऊपर से भेद नहीं है, भीतर से भेद है। तो जब तक भीतर देखने की क्षमता न हो, तब तक तुम कृष्ण को न समझ पाओगे।

कृष्ण वाममार्गी हैं। इसलिए जैनों ने कृष्ण को नर्क में डाला है। अपने पुराणों में नर्क में डाल दिया है। वाममार्गी हैं। और क्या वाममार्गी होगा? जीवन का सहज स्वीकार, उत्साहपूर्वक स्वीकार, स्वागतपूर्ण स्वीकार...! जीवन को उसकी समग्र विधा में जीने की क्षमता, साहस...। जीवन में कुछ भी बुरा नहीं है। अगर कांटे भी हैं तो फूल की रक्षा के लिए तत्पर हैं, इसलिए हैं। जीवन में जो भी है सुंदर है। और अगर किसी चीज का सौंदर्य हमें दिखाई नहीं पड़ा है तो हमारी कहीं भूल-चूक हो रही है। परमात्मा असुंदर बना कैसे सकता है? परमात्मा ही प्रगट हुआ है सारे रूपों में। काम में भी राम ही छिपा है। इतना साहस बहुत कम लोग जुटा पाते हैं। इतनी दृष्टि भी नहीं होती।

इसलिए तरु! तंत्र, वाममार्ग, नाथपंथ जैसे नामों से लोग डरने लगे। इसीलिए। क्योंकि ये तुम्हारी व्यवस्थित रूढ़ि को छिन्न-भिन्न कर देते हैं। ये प्यारे नाम गालियां बन गए। किसी को वाममार्गी लोग कह देते हैं, बस खतम हो गया मामला। फलां आदमी वाममार्गी है—मतलब तुमने उसका खंडन कर दिया, अब और खंडन करने की जरूरत नहीं है। अब क्या कहता है, क्यों कहता है, इस तर्क और विस्तार में जाने का प्रयोजन नहीं है। वाममार्ग का लेबल लगा दिया, अब वह आदमी खतम हो गया। अघोरपंथ! अघोर जैसा प्यारा शब्द गाली बन गया! किसी को अघोरी कह दो वह लड़ने को तैयार हो जाता है। लोग अघोरी कहते ही हैं किसी को तभी, जब उनको गाली देनी होती है।

अघोर शब्द का अर्थ समझते हो? अघोर का अर्थ होता है—सरल। किसी को 'घोरी' कहो तो गाली हो सकती है। घोर का अर्थ होता है जटिल। कहते हैं न घोर-घमासान—जटिल, उलझा हुआ, तो घोर...। अघोर का अर्थ होता है सरल, बच्चे जैसा निर्दोष! लेकिन 'अघोरी' गाली देना चाहते हैं तब कहते हैं। लोग कहते हैं मोरारजी देसाई—अघोरी, क्योंकि जीवन-जल पीते हैं—अघोरी! उनका मतलब यह है कि गाली दे रहे हैं वे। अघोर सिर्फ थोड़े-से बुद्धों के लिए उपयोग में लाया जा सकता है। गौतम बुद्ध—अघोरी, कृष्ण—अघोरी, क्राइस्ट—अघोरी, लाओत्सु—अघोरी! ऐसे लोगों के लिए ही सिर्फ उपयोग में लाया जा सकता है। गोरख—अघोरी। सरल, निर्दोष, सीधे-सादे...। इतने सरल कि गणित जीवन में है ही नहीं। हिसाब-किताब लगाने का भाव ही चला गया है।

तुम तो जिसको धार्मिक कहते हो, वह भी हिसाब-किताब लगाता है। वह देखता है कि इतने उपवास करूं तो स्वर्ग मिलेगा, इतने व्रत रखूं तो स्वर्ग मिलेगा, इतना दान करूं तो स्वर्ग मिलेगा। यह सब हिसाब-किताब है। इस दान में भी बाजार है। इस दान में भी व्यवसाय है, सौदा है। इस पुण्य में भी छिपा हुआ पाप है। अघोरी का अर्थ होता है : सरल, सीधा—जिसके जीवन से हिसाब-किताब समाप्त ही हो गया। जो बच्चों की भांति जीता है। यह तो परम अवस्था है, परमहंस अवस्था है—अघोर। मगर ये गालियां बन गईं दुर्भाग्य से।

नाथपंथ...गोरखनाथ और उनके गुरु मच्छिंदरनाथ के कारण तंत्र की यह शाखा नाथपंथ कहलाने लगी। भाव बड़ा प्यारा है! नाथ का अर्थ होता है : मालिक! जिसको सूफी कहते हैं—'या मालिक'। सब उसका है, मालिक का है! हम भी मालिक के, संसार भी उसका है, सब उसका है। जैसी उसकी मर्जी वैसे जीएंगे। जैसा जिलाएगा वैसे जीएंगे। हम अपने संकल्प को आरोपित न करेंगे। हम चेष्टा से न जीएंगे। हम ऐसे बहेंगे जैसे कोई नदी की धार बह जाए, हम तैरेंगे नहीं। यह भाव है। उस मालिक के रहते हम अपना संकल्प क्यों बीच में लाएं? हमारा संकल्प आया कि अहंकार आया, अहंकार आया कि हम भटके। तो हम तो बिना अहंकार के जीएंगे, उसकी जैसी मर्जी...।

जैसे सूखा पत्ता हवा में उड़ता है, पश्चिम जाए कि पूरब, दक्षिण जाए कि उत्तर, उसे कोई चिंता नहीं; हवा जहां ले जाए। लड़ता नहीं, प्रतिरोध नहीं करता, संघर्ष नहीं करता कि मैं तो पश्चिम जाऊंगा, कि मुझे पूरब नहीं जाना, मुझे क्यों पूरब लिए जा रहे हो? नहीं, पत्ते की क्या मर्जी? ऐसा

हो जो जाए तो समझना कि नाथपंथी। ऐसे ही रहे गोरख। इस सहज मर्जी से रहे। इस सरलता से रहे। मगर लोग अहंकार से जीते हैं। इस जगत में अधिकतम लोगों के जीवन की भाषा अहंकार की भाषा है। स्वभावतः, इतने सरल लोग उन्हें बर्दाश्त नहीं होंगे। उन्हें तो लगेगा, बड़ा खतरा पैदा हो गया। इतनी सरलता से लोग जीने लगेंगे, उनको लगता है तो फिर नीति का क्या होगा? अनीति फैल जाएगी। जैसे अभी नीति है!

ये बड़े मजे की बातें हैं। लोग इस तरह की बातें करते हैं जैसे कि अभी नीति है, फिर अनीति फैल जाएगी। कहां है नीति? कैसी नीति? नीति के नाम पर पाखंड है। थोथे मुखौटे लगाए लोग बैठे हैं, झूठे मुखौटे लगाए लोग बैठे हैं। नीति कहां है?

लेकिन लोग समझते हैं कि अगर सब लोग सरल होने लगे, सहज होने लगे, स्वाभाविक होने लगे और कहा कि जैसी परमात्मा की मर्जी, तो फिर नीति खंडित हो जाएगी।

बात उलटी ही है। लोग संकल्प से जी-जी कर अनैतिक हो गए हैं। मनुष्य से ज्यादा अनैतिक और कौन है इस पृथ्वी पर? मनुष्य से ज्यादा हिंसक और कौन है इस पृथ्वी पर? मनुष्य से ज्यादा संघातक और कौन है इस पृथ्वी पर? पशु-पक्षी कम-से-कम अपनी जाति के लोगों को मारकर नहीं खाते। कोई सिंह सिंह को मारकर नहीं खाता। कोई बाज बाज पर नहीं हमला करता। आदमी अकेला पशु है इस पूरी पृथ्वी पर, जो स्वयं की जाति में ही मारकाट करता है; और थोड़ी-बहुत नहीं, लाखों की, करोड़ों की। हत्या करने में ऐसा रस! और बड़ा मजा है, इसको भी नैतिक जामा पहना दिया जाता है। इसको कहते हैं जिहाद, धर्मयुद्ध हो रहा है! धर्मयुद्ध हो रहा है तो फिर मारो। फिर कोई हर्जा नहीं, जितने मारे उतना ही लाभ है! जितने मारे उतना ही स्वर्ग निश्चित है।

लोग जिहाद कर रहे हैं, धर्मयुद्ध कर रहे हैं सदियों से; एक-दूसरे को काट रहे हैं परमात्मा के नाम पर! काटना है उन्हें, नाम कोई भी हो। कभी राजनीति के नाम पर काटते हैं, कभी धर्म के नाम पर काटते हैं, कभी सिद्धांत के नाम पर, कभी शास्त्र के नाम पर। ये सब बहाने हैं, काटना लक्ष्य है। बिना काटे मन नहीं मानता। यह कैसा मनुष्य हमने पैदा किया है? यह कैसा रुग्णचित मनुष्य हमने पैदा किया है!

कामवासना से जल रहे हैं लोग! उनके भीतर कामवासना के सिवाय और कुछ भी नहीं भरा है। दबा-दबा कर बैठ गए हैं। इसलिए जब भी कोई कहता है कामवासना को सहजता से स्वीकार करो, वह भी प्रभु की देन है, तो उनके भीतर बहुत घबराहट हो जाती है। क्योंकि वे जानते हैं कि अगर उन्होंने सहजता से स्वीकार किया तो सब गड़बड़ हो जाएगा। वे इतना दबाकर बैठ गए हैं कि करीब-करीब एक ज्वालामुखी उनके नीचे जल रहा है। अब वे सहजता से कैसे स्वीकार करें?

ऐसा ही समझो कि कोई आदमी जिंदगी-भर उपवास करता रहा है, भूखा मरता रहा है और तुम उससे कहो कि भाई, भूख को सहज स्वीकार करो, जब भूख लगे तो भोजन कर लो—वह एकदम घबड़ा जाएगा। वह कहेगा कि अगर मैंने सहजता से स्वीकार किया तो मैं चौके से कभी बाहर निकलूंगा ही नहीं, क्योंकि मैं जानता हूं अपने को कि चौबीस घंटे मैं भोजन की ही सोचता हूं। उपवासी आदमी सोचता ही है चौबीस घंटे भोजन की। ...तो फिर मैं निकल ही न सकूंगा चौके से। फिर तो मुझे वहीं बैठा रहना पड़ेगा।

हालांकि तुम हैरान होगे कि यह क्या कह रहे हो तुम। जो लोग भोजन करते हैं वे चौके में नहीं बैठे रहते चौबीस घंटे। मगर तुम उस आदमी की बात भी समझो, वह भी बेचारा ठीक कह रहा है। वह चौबीस घंटे भोजन की ही सोचता है; उपवास करनेवाला सोचता ही भोजन की है।

इसलिए मेरे जैसे व्यक्ति जब जीवन को सरल करने की बात करते हैं तो बड़ी बेचैनी फैल जाती है, बड़ी घबड़ाहट फैल जाती है। यहां दमित प्रकार के लोग कभी-कभी आ जाते हैं, उनको बहुत घबराहट हो जाती है। क्योंकि वे जानते हैं, अगर मैं जो कह रहा हूं वह ठीक है, तो उनके भीतर दबे हुए रोग एकदम से प्रगट हो जाएंगे, जिंदगी-भर दबाए रोग एकदम से प्रगट हो जाएंगे। वे विक्षिप्त हो जाएंगे। वे नहीं बर्दाश्त कर सकेंगे। इस घबड़ाहट से बचने के लिए वे मेरे विपरीत हो जाते हैं, वे मेरे विरोधी हो जाते हैं।

मेरे विरोधी होने के कारण हैं। मैं जो कह रहा हूं उसका सत्य इतना खतरनाक उन्हें मालूम होता है—खतरनाक इसलिए नहीं मालूम होता है कि सत्य खतरनाक है; खतरनाक इसलिए मालूम होता है कि अब तक वे इतने असत्य में जीए हैं और अब उस असत्य को छोड़ने में बड़ी मुश्किल मालूम होती है। और वह छूटेगा तो जीवन-भर का जो बांध था, वह टूट जाएगा...।

फ्रायड के खिलाफ बड़ा प्रचार हुआ सारी दुनिया में। लेकिन फ्रायड जीवन के सीधे-सादे सत्यों की बात कर रहा था। फ्रायड वाममार्गी है। फ्रायड ने, दबाए हुए मनोवेगों को पुनः गतिमान करो, इसका संदेश दिया। सारी दुनिया में विरोध हुआ, सारे धर्मों ने विरोध किया। विरोध इसलिए किया कि तुम्हारे नीचे की जमीन खिसक गई। तुम सब गलत हो जाओगे अगर फ्रायड सही है। और यही उचित है कि तुम अपने को ही सही सिद्ध करते रहो। फिर तुम्हारी भीड़ है। भीड़ तुम्हारे साथ है। सत्य सदा अकेला है। असत्य बहुत प्राचीन है। भीड़ उनके साथ राजी है। भीड़ ने इतने दिन तक उनका साथ दिया है। भीड़ की सारी न्यस्त स्वार्थ की व्यवस्था उनसे जुड़ गई है। तुम एकदम घबड़ा जाते हो, तुम एकदम भयभीत हो जाते हो। अपने भय से, अपनी घबड़ाहट से तुम विरोध करने लग जाते हो। लेकिन सत्य ऐसे हारता नहीं, सत्य बार-बार लौट आता है।

वाममार्गी लौट-लौट कर आता रहेगा। तंत्र की बार-बार घोषणा होगी, जब तक कि मनुष्य सहज नहीं हो जाता है। जिस दिन मनुष्य सहज हो जाएगा, उस दिन तंत्र की कोई जरूरत न रह जाएगी। तंत्र सिर्फ औषधि है। वाममार्ग, वे जो उलट चल पड़े हैं लोग, उनको रास्ते पर लाने के लिए सिर्फ एक उपाय है। जो रास्ते पर आ गया, वह न तो दाएं का होता है, न बाएं का होता है। दाएं-बाएं दोनों उसके होते हैं; वह किसी का नहीं होता। उसकी अवस्था अतिक्रमण की होती है; वह दोनों के पार चला गया होता है।

पूछा तूने : तंत्र, वाममार्ग, वामपंथ जैसे नामों से लोग क्यों डरते हैं?

डरने का कारण है। तुम इतनी बारूद लिए बैठे हो अपने भीतर कि जरा-सी चिनगारी सत्य की जाएगी कि विस्फोट हो जाएगा। तुम चिनगारी से डरोगे नहीं तो क्या करोगे? जब तुम अपनी बारूद को गिराने को राजी हो जाओगे, तब तुम्हें चिनगारी से कोई भय न रह जाएगा। तुम डरते उसी

बात से हो जिस बात से तुम्हारे भीतर बेचैनी पैदा होती है। और सत्य बड़ा बेचैन करता है, अगर असत्य के आग्रहपूर्वक संबंध बना लिए हों। अगर असत्य के साथ भंवर डाल ली है तो सत्य बहुत बेचैन करता है।

मुल्ला नसरुद्दीन की शादी हुई। तो जैसा मुसलमानों में रिवाज है...सुहागरात...पत्नी ने मुल्ला के सामने घूंघट उठाया, बुर्का उठाया। मुल्ला ने पहली दफे पत्नी देखी, पहले तो देखी नहीं थी। एकदम निराश होकर रह गया। इससे ज्यादा बदशकल स्त्री उसने जीवन में देखी नहीं थी। रिवाज के अनुसार पत्नी ने पूछा कि मैं किस-किस के सामने बुर्का उघाड़ सकती हूं? तो मुल्ला ने कहा : तू किसी के सामने उघाड़, बस मेरे सामने बुर्का मत उघाड़ना। दुनिया भर के सामने उघाड़, तू जिस-जिसके सामने उघाड़ना हो उघाड़, मेरे सामने भर मत उघाड़ना। अब यह बुर्का पड़ा ही रहे तो अच्छा।

यह जो कुरूपता है, इससे घबड़ाहट पैदा होती है। तुम अपने पर बुर्का डाले हो, तुम उघाड़ते नहीं। जो भी तुम्हारे बुर्के उघाड़ देता है, तुम्हारी गंदगी दिखा देता है, उससे ही तुम नाराज हो जाते हो। जो भी तुम्हारे भीतर का कूड़ा-करकट दिखा देता है, उससे ही तुम नाराज हो जाते हो। और सदगुरु को दिखाना ही होगा तुम्हारे भीतर कूड़ा-करकट, क्योंकि देखोगे नहीं तो उससे मुक्त कैसे होओगे? तुम्हारे भीतर की व्यर्थता जो तुम संग्रहीत करके बैठे हो, जिसकी छाती पर सवार हो, अगर उससे तुम्हारा छुटकारा न होगा तो तुम उसी में डूबोगे, उसी से डूबोगे। वही तुम्हें डुबाने का कारण हो जाएगा। तुमने छाती पर पत्थर बांध रखे हैं, उन पत्थरों को हटाना ही होगा। हालांकि तुम सोचते हो कि पारस पत्थर हैं। वही तुम्हें डुबा रहे हैं।

जब भी सत्य की नवीन उद्घोषणा होती है तो आदमी ने जो इतने जाल फैला रखे हैं, सब तरफ बेचैनी की लहर हो जाती है। सत्य की गर्दन काट दो, सत्य को जहर पिला दो, सत्य की वाणी बंद कर दो, इसकी सब तरह की चेष्टाएं शुरू हो जाती हैं। और इसमें नाराज होने की कोई बात नहीं है। यह बिलकुल स्वाभाविक है। करुणा की ही बात है, दया की ही बात है।

बुद्ध ने अपने शिष्यों को कहा था कि तुम जिन लोगों को समझाने जाओगे, वही तुम्हें मारेंगे। तुम अनुकंपा से सत्य देने जाओगे, वे ही तुम पर पत्थर फेंकेंगे। तो नाराज मत होना। उसकी भी मजबूरी है, वे भी क्या करें? सदियों-सदियों तक उन्होंने जो सत्य माना था, तुम उसे तोड़ने आ गए। तुम उनका भवन हिलाने लगे। तुम उनके बुर्के उठाकर उनकी कुरूपता दिखाने लगे। वे नाराज होंगे।

एक शिष्य जाता था—पूर्ण—यात्रा पर, बुद्ध का संदेश लेकर। बुद्ध ने पूछा : तू कहा जाएगा? बिहार का एक हिस्सा था 'सूखा'। उसने कहा कि 'सूखा' अब तक कोई भिक्षु नहीं गया, वहां जाऊंगा। बुद्ध ने कहा : वहां तू न जा तो अच्छा, उस इलाके के लोग बड़े खतरनाक हैं, इसलिए अब तक कोई भिक्षु वहां गया नहीं। वे तुझे गालियां देंगे तो तुझे क्या होगा? तो पूर्ण ने कहा : वे मुझे गालियां देंगे तो मैं अपने को धन्यभागी समझूंगा कि सिर्फ गालियां देते हैं, मारते नहीं। बुद्ध ने कहा: और उन्होंने तुझे मारा, फिर तुझे क्या होगा पूर्ण? तो पूर्ण ने कहा कि मैं धन्यभागी समझूंगा अपने को, कि मारते ही हैं, मार नहीं डालते। बुद्ध ने कहा : एक सवाल और, अगर वे मार ही डालें, तो मरते-मरते तुझे क्या होगा? तो पूर्ण ने कहा कि और क्या होगा—यही कि कितने भले लोग हैं कि

उस देह से छुटकारा दिला दिया जिस देह में रहता तो शायद कोई भूल-चूक हो जाती; अब भूल-चूक न हो सकेगी। उस देह से छुटकारा दिला दिया जिसमें रहता था शायद कहीं पैर गलत रास्तों पर पड़ जाते, कुछ से कुछ हो जाता, भटक जाता; उस देह से छुटकारा दिला दिया! उनके प्रति अनुकंपा से भरा हुआ मरूंगा। उनके प्रति कृतज्ञता से भरा हुआ मरूंगा।

बुद्ध ने कहा : फिर तू जा, फिर तू कहीं भी जा। तू जहां भी जाएगा, वहीं तेरे मित्र पाएगा। क्योंकि तुझे अब शत्रु दिखाई नहीं पड़ सकता। नहीं दिखाई पड़ने से शत्रु नहीं हो जाता है, ऐसा नहीं है। मगर जिसको शत्रु दिखाई पड़ना बंद हो जाता है, वही सत्य की उदघोषणा कर सकता है। शत्रु तो होंगे पैदा, तत्क्षण पैदा हो जाएंगे। सत्य के शत्रु निरंतर पैदा होते हैं। हमारी इतनी समझ कहां है कि हम सत्य को पचा पाएं! इतनी छाती कहां है हमारी बड़ी कि हम सत्य को अपने भीतर समाविष्ट करें, अपने भीतर मेहमान बन जाने दें। हम आतिथेय बनें सत्य के, सत्य अतिथि बने—इसकी हमारी पात्रता कहां? इसलिए निरंतर यह होता रहा है। निंदा होती रही, उपेक्षा होती रही, मगर सत्य अपनी उदघोषणा बार-बार करता रहा है।

और मैं तुमसे कहता हूं कि सत्य आता है मस्तिष्क के दाएं हिस्से से, जो बाएं हाथ से जुड़ा है। हिसाब-किताब आता है मस्तिष्क के बाएं हिस्से से, जो दाएं हाथ से जुड़ा है। हिसाब-किताब वाला आदमी कविता के प्रति कभी भी राजी नहीं होता। धन-दौलत को मूल्य समझनेवाला व्यक्ति, ध्यान का मूल्य नहीं समझ पाता। और दूकान ही जिसे सब कुछ है, वह मंदिर का नहीं हो पाता। और अगर मंदिर में चला भी जाए, तो मंदिर भी उसके साथ ही भ्रष्ट हो जाता है।

तीसरा प्रश्न : समाधि का पहला अनुभव कैसा होता है?

होगा तो ही जानोगे। कहा जा सके, ऐसा नहीं है। कुछ-कुछ इशारे किए जा सकते हैं। जैसे अंधेरे में अचानक दीया जल जाए, ऐसा होता है। या जैसे बीमार मरता हो और अचानक कोई दवा लग जाए... मरते-मरते कोई दवा लग जाए; और जीवन की लहर, जीवन की पुलक फिर फैल जाए—ऐसा होता है। जैसे कोई मुर्दा जिंदा हो जाए—ऐसा होता है समाधि का पहला अनुभव।

अमृत का अनुभव है। परम संगीत का अनुभव है। पर होगा तो ही होगा। और होगा तो ही तुम समझ पाओगे; मेरे कहने से समझ न आ सकेगा। प्रेम में जैसा होता है। अब कोई किसी को कैसे समझाए? जिसने प्रेम न किया हो, जिसने प्रेम जाना न हो, उसके सामने तुम कितना लाख सिर पटको, कितनी व्याख्या करो—सुन लेगा सब, मगर फिर भी पूछेगा कि मेरी कुछ समझ में नहीं आया, कुछ और थोड़ी व्याख्या करिए।

ऐसा ही जैसे अंधे को तुम प्रकाश समझाओ, या बहरे को नाद समझाओ—नहीं समझ में आ सकेगा। जिसके नासापुट खराब हो गए हैं, जिसे गंध नहीं आती, उसे गंध का कोई अनुभव कैसे बताओगे? अनुभव कभी भी शब्दों में बांधे नहीं जा सकते, लेकिन कुछ इशारे किए जा सकते हैं।

गीत प्राणों में जगे, पर भावना में बह गए!
एक थी मन की कसक,

जो साधनाओं में ढली, कल्पनाओं में पली;
पंथ था मुझको अपरिचित, मैं नहीं अब तक चली,
प्रेम की संकरी गली;
बढ़ गए पग, किंतु सहसा
और मन भी बढ़ गया;
लोक-लीकों के सभी भ्रम, एक पल में ढह गए!
गीत प्राणों में जगे, पर भावना में बह गए!

वह मधुर वेला प्रतीक्षा की मधुर अनुहार थी,
मैं चकित साभार थी;
कह नहीं सकती हृदय की जीत थी, या हार थी,
वेदना सुकुमार थी;
मौन तो वाणी रही, पर
भेद मन का खुल गया;
जो न कहना चाहती थी, ये नयन सब कह गए!
गीत प्राणों में जगे, पर भावना में बह गए!

कल्पना जिसकी संजोई सामने ही पा गई,
वह घड़ी भी आ गई;
छवि अनोखी थी हृदय पर छा गई, मन भा गई;
देखते शरमा गई;
कर सकी मनुहार भी कब
मैं स्वयं में खो गई;
और अब तो प्राण मेरे कुछ ठगे-से रह गए!
गीत प्राणों में जगे, पर भावना में बह गए!

जैसे अचानक तुम्हारे हृदय में एक गीत जगे। जैसे अचानक, अनायास; अकारण तुम्हारे भीतर एक रस का झरना फूट पड़े!

पंथ था मुझको अपरिचित, मैं नहीं अब तक चली
प्रेम की संकरी गली!

और अचानक प्रेम जग जाए...ऐसा अनुभव है समाधि का प्रथम अनुभव। जैसे पतझड़ था और अचानक वसंत आ जाए! और जहां रूखे-सूखे वृक्ष खड़े थे, हरे हो जाएं, लद जाएं पत्तों से, फूल खिल जाएं—ऐसा अनुभव है समाधि का प्रथम।

बढ़ गए पग, किंतु सहसा

और जिसके भीतर प्रेम जगा या जिसके भीतर प्रकाश जगा, या जिसे नाद सुनाई पड़ा, फिर उसके पैर सहसा बढ़ जाते हैं। फिर भय नहीं पकड़ता। जिसके भीतर प्रेम जगा, वह सब भय छोड़ देता है। इसलिए तो गणित, हिसाब बिठानेवाले लोग कहते हैं कि प्रेम अंधा होता है—कि जहां आंखवाले जाने से डरते हैं, वहां प्रेमी चला जाता है। जहां आंखवाले कहते हैं सावधान, सावधान, बचो, झंझट में पड़ोगे—वहां प्रेमी नाचता और गीत गुनगुनाता प्रवेश कर जाता है।

इसलिए समझदार प्रेमी को अंधा कहते हैं। असलियत उलटी ही है। समझदारों के सिवाय कोई और अंधा नहीं। प्रेमी के पास आंख होती है। अगर प्रेम आंख नहीं है तो फिर आंख कहा होगी?

पंथ था मुझको अपरिचित, मैं नहीं अब तक चली
प्रेम की संकरी गली;
और मन भी बढ़ गया;
लोक-लीकों के सभी भ्रम, एक पल में ढह गए!

ऐसा है समाधि का पहला अनुभव। अब तक की सारी धारणाएं, अब तक के सारे पक्षपात, अब तक के सारे सिद्धांत, शास्त्र, ऐसे बह जाएंगे, जैसे वर्षो का पहला पूर आया नदी में और सब कूड़ा-करकट किनारों का ले गया...सह बह गया।

वह मधुर वेला·प्रतीक्षा की मधुर अनुहार थी,
मैं चकित साभार थी;

हां, चकित होकर रह जाओगे खड़े; सोच न सकोगे क्या हो रहा है। विचार बंद हो जाएंगे, सोचने का अवसर नहीं है। सोचने के पार कुछ घट रहा है।

वह मधुर वेला प्रतीक्षा की मधुर अनुहार थी,
मैं चकित साभार थी;
कह नहीं सकती हृदय की जीत थी, या हार थी,

कहना कठिन है—कौन जीता, कौन हारा? क्योंकि वहां दो नहीं हैं, इसलिए जीत कहो तो ठीक, हार कहो तो ठीक। एक अर्थ में हार है, क्योंकि मिट गए; दूसरे अर्थ में जीत है, क्योंकि परमात्मा हो गए। एक अर्थ में हार है बूंद की कि बूंद मिट गए, दूसरे अर्थ में जीत है कि बूंद सागर हो गई।

कह नहीं सकती हृदय की जीत थी, या हार थी,
वेदना सुकुमार थी;

पर इतना पक्का है कि वह जो पीड़ा थी बड़ी प्रिय थी, बड़ी मीठी थी। कहा नहीं गोरख ने—मरण है मीठा! तिस मरणी मरो, जिस मरणी गोरख मरि दीठा। बड़ी मीठी प्रीति है, बड़ी मीठी प्रीतिकर मृत्यु है!

कल्पना जिसकी संजोई सामने ही पा गई

सच तो यह है, तुमने जितनी कल्पनाएं संजोई हैं, सब छोटी पड़ जाती हैं सत्य के समक्ष। तुमने जो मांगा था उससे बहुत ज्यादा मिलता है, जब मिलता है; छप्पर तोड़कर मिलता है।

वह घड़ी भी आ गई

जिसका भरोसा भी नहीं होता था कि आ जाएगी; घड़ी आती है।

वह घड़ी भी आ गई

छवि अनोखी थी हृदय पर छा गई, मन भा गई;

देखते शरमा गई,

भरोसा नहीं आता कि मेरी ऐसी पात्रता! कि प्यारा मिलेगा, कि प्रियतम से मिलन होगा।

कर सकी मनुहार की कब

कहते कुछ न बना। स्वागत के दो शब्द न बोले जा सके...।

मैं स्वयं में खो गई;

और अब तो प्राण मेरे कुछ ठगे-से रह गए!

समाधि का पहला अनुभव, जैसे बिलकुल ठग गए, जैसे बिलकुल लुट गए...। हारे कि जीते, पता नहीं; इतना-भर पक्का है कि सीमाएं टूट गईं, संकीर्णताएं टूट गईं—उतरा पूरा आकाश। कबीर ने कहा है : बूंद में समुंद समाना...। बूंद में समुद्र समा गया। सीमा में असीम आ गया, दृश्य में अदृश्य...। जो गोचर था उसके भीतर अगोचर खड़ा हो गया।

समाधि का पहला अनुभव इस जगत का सर्वाधिक बहुमूल्य अनुभव है। और फिर अनुभव पर अनुभव है, कमल पर कमल खिलते चले जाते हैं। फिर कोई अंत नहीं है, फिर पंक्तिबद्ध कमल खिलते चले जाते हैं। फिर ऐसा कभी होता ही नहीं कि समाधि के अनुभव कम पड़ते ही चले जाते हैं। इसलिए परमात्मा को अनंत कहा है, कि उसका अनुभव कभी चुकता नहीं है।

जीसस के जीवन में उल्लेख है कि जब बपतिस्मा वाले जॉन ने—यह भी एक अदभुत आदमी था जॉन—जीसस को दीक्षा दी। जीसस के गुरु थे जॉन। जोर्दन नदी में जीसस को ले जाकर जब उन्होंने जल से दीक्षा दी तो बड़ी भीड़ इकट्ठी हो गई थी, क्योंकि जॉन कह रहा था कि जिस आदमी के लिए दीक्षा देने को मैं रुका हूं, वह आया, अब आया, अब आया, आने ही वाला है। तो बहुत भीड़ इकट्ठी हो गई थी उस आदमी को देखने। और जब जीसस आए तो जॉन ने कहा, आ गया। अब यह सम्हालेगा। मैं बूढ़ा भी हो चुका हूं।

जब जीसस को दीक्षा दी जोर्दन नदी में तो कहानी बड़ी प्रीतिकर बात कहती है—ये प्रतीक हैं—कि एक सफेद कबूतर अचानक आकाशसे उतरा और जीसस में समा गया...। यह तो प्रतीक है। कबूतर शांति का प्रतीक है। कोई वस्तुतः कबूतर आकाश से उतरकर जीसस में नहीं समा गया, लेकिन जरूर कोई सफेदी अचानक आकाश से उतरी हुई अनुभव हुई होगी बहुत लोगों को—जैसे बिजली कौंध गई हो! जिसके पास जरा-सी भी आंख थी...और आंखवाले लोग ही इकट्ठे हुए होंगे। किसको पड़ी है? जॉन जोर्दन नदी में जीसस को दीक्षा दे रहा है, किसको पड़ी है? प्यासे इकट्ठे हुए होंगे। जिन्हें थोड़ी बूंदें लग गई थीं, वे इकट्ठे हुए होंगे। जिन पर थोड़े रंग की छींटें पड़ गए

थे, वे इकट्ठे हुए होंगे। जिन पर थोड़ी जॉन की गुलाल पड़ गई थी, वे इकट्ठे हुए होंगे। देखा होगा एक ज्योतिर्पुंज, जैसे उतरा आकाश से और जीसस में समा गया...। और जॉन ने तत्क्षण कहा कि मेरा काम पूरा हुआ। जिसके लिए मैं प्रतीक्षा कर रहा था, वह आ गया। अब मैं विदा हो सकता हूं।

वह समाधि का पहला अनुभव था जीसस के लिए। समाधि का जब पहला अनुभव किसी को होता है तो उसे तो होता ही है, उसके आसपास भी भनक पड़ जाती है। कहते हैं, जब बुद्ध को समाधि का पहला अनुभव हुआ तो बेमौसम फूल खिल गए। यह भी प्रतीक है, जैसे कबूतर; कबूतर यहूदियों का प्रतीक है—शांति का प्रतीक। फूल का खिल जाना भारतीय प्रतीक है—बेमौसम, अचानक...। जब भी किसी को समाधि फलती है—बेमौसम का फूल है समाधि; क्योंकि इस पृथ्वी पर मौसम ही कहां है समाधि के खिलने के लिए! इस पृथ्वी पर समाधि न खिले, यह तो बिलकुल सामान्य बात है; समाधि खिले, यही असामान्य है। यह पृथ्वी तो रेगिस्तान है, यहां हरियाली कहां, रसधार कहां? जब कभी उतर आती है तो बेमौसम का फूल है। नहीं होना था और हुआ, चमत्कार है! समाधि चमत्कार है!

अनुभव तुम्हें होगा तो जान पाओगे। या जिन्हें अनुभव हुआ हो उनके पास बैठो, उठो, शायद किसी दिन कबूतर उतरता दिखाई पड़े, या अचानक फूल खिलते दिखाई पड़ जाएं।

मेरे आंगन श्वेत कबूतर!
उड़ आया ऊंची मुंडेर से, मेरे आंगन श्वेत कबूतर!
गर्मी की हल्की संध्या यों—
झांक गई मेरे आंगन में,
झरीं केवड़े की कुछ बूंदें
किसी नवोढ़ा के मन-मन में;
लहर गई सतरंगी-चूनर, ज्यों तन्वी के मृदुल गात पर!
उड़ आया ऊंची मुंडेर से, मेरे आंगन श्वेत कबूतर!
मेरे हाथ रची मेहंदी, उर—
बगिया में बौराया फागुन,
मेरे कान बजी बंसी-धुन
घर आया मनचाहा पाहुन;
एक पुलक प्राणों में, चितवन एक नयन में, मधु-मधुरतर!
उड़ आया ऊंची मुंडेर से, मेरे आंगन श्वेत कबूतर!
कोई सुंदर स्वप्न सुनहले—
आंचल में चंदा बन आया,
कोई भटका गीत उनींदा,
मेरी सांसों से टकराया;

छिटक गई हो जैसे जूही, मन-प्राणों में महक-महक कर!
उड़ आया ऊंची मुंडेर से, मेरे आंगन श्वेत कबूतर!
मेरा चंचल गीत किलकता
घर-आंगन देहरी-दरवाजे।
दीप जलाती सांझ उतरती
प्राणों में शहनाई बाजे;
अमराई में बिखर गए री, फूल सरीखे सरस-सरस स्वर!
उड़ आया ऊंची मुंडेर से, मेरे आंगन श्वेत कबूतर!

आता है उतर एक श्वेत कबूतर समाधि के पहले अनुभव में। चारों तरफ फूल खिल जाते हैं। वंशी की धुन बज उठती है। भीतर कोई शहनाई बजाने लगता है। सारे नाद जगते हैं।

मेरे कान बजी वंशी-धुन
घर आया मनचाहा पाहुन

आ गया मेहमान जिसकी प्रतीक्षा है—अतिथि। जानते हो न, इस देश में हमने मेहमान को अतिथि इसलिए कहा कि वह बिना तिथि बतलाए आता है। परमात्मा ही एकमात्र अतिथि बचा है अब तो, बाकी सब अतिथि तो तिथि बतलाकर आते है। अब तो खबर कर देते हैं कि आ रहे हैं। वे यह कह देते हैं कि धक्का एकदम से देना ठीक नहीं; आ रहे हैं, सम्हल जाओ, कि तैयार कर लो अपने को। क्योंकि अतिथि को देखकर अब कोई प्रसन्न तो होता नहीं। पहले से खबर आ जाती है तो तैयारी हो जाती है, गाली-गलौच जो देनी है दे लेते हैं लोग। पत्नी को जो कहना होता है कह लेती है। पति को जो कहना होता है कह लेते हैं। तब तक आते-आते शिष्टाचार वापिस लौट आता है। एकदम से आ जाओ, कौन ज़ाने सच्ची बातें निकल जाएं। कहना तो यही पड़ता है कि धन्यभाग, कि आप को देखकर बड़ा हृदय प्रफुल्लित हो रहा है! यह मन की बात नहीं। मन की बात कुछ और है। ठीक ही है पश्चिम का रिवाज कि पहले खबर कर दो, ताकि लोग तैयारी कर लें, अपने हृदय मजबूत कर लें।

अब तो परमात्मा ही एकमात्र अतिथि बचा है—तिथि नहीं बतलाता। उसकी कोई भविष्यवाणी नहीं हो सकती कब आएगा। समाधि का पहला अनुभव कब घटेगा, कोई भी नहीं कह सकता। अनायास, बेमौसम...। सच तो यह है, जब तुम प्रतीक्षा नहीं कर रहे थे, बिलकुल नहीं कर रहे थे, तब घटता है। क्योंकि जब तक तुम प्रतीक्षा करते हो, तुम तने ही रहते हो। तुम्हारे चित्त में तनाव रहता है। तुम राह देखते हो तो तुम पूरे संलग्न नहीं हो पाते। राह देखना भी विचार है, और विचार बाधा है। जब तक तुम सोचते हो अब हो जाए, अभी तक नहीं हुआ—तब तक तो तुम चिंताओं से घिरे हो; बदलियां घिरी हैं, सूरज निकले तो कैसे निकले? आता है आकस्मिक, अनायास—जब तुम सिर्फ बैठे होते हो...कुछ भी नहीं कर रहे होते, ध्यान भी नहीं कर रहे होते—समाधी का पहला अनुभव तब होता है। क्योंकि जब तुम ध्यान भी कर रहे होते हो, तब भी तुम्हारे मन में कहीं वासना सरकती रहती है—शायद अब हो जाए, अब होता होगा; अभी तक नहीं हुआ, बड़ी देर लगाई!

शिकायतें उठती रहती हैं।

ध्यान करते-करते, करते-करते एक दिन ऐसी घड़ी घटती है कि तुम बैठे होते हो, ध्यान भी नहीं कर रहे होते हो, शांत होते हो, बस स्वस्थ होते हो, मौन होते हो—और आ गया!

मेरे कान बजी वंशी-धुन
घर आया मनचाहा पाहुन
छिटक गई हो जैसे जूही, मन-प्राणों में महक-महक कर!
मेरा चंचल गीत किलकता
घर-आंगन देहरी-दरवाजे।
दीप जलाती सांझ उतरती
प्राणों में शहनाई बाजे,
अमराई में बिखर गए री, फूल सरीखे सरस-सरस स्वर!

घटती है घटना। परिभाषा मत पूछो, राह पूछो। पूछो कि कैसे घटेगी, यह मत पूछो कि क्या घटता है? क्योंकि कहा नहीं जा सकता। बताने का कोई उपाय नहीं है। यह बात करने की नहीं है, यह बात जानने की है। लेकिन विधि बताई जा सकती है, इशारा किया जा सकता है—ऐसे चलो, ऐसे सम्हलो। चित्त निर्विचार हो, शांत हो, अपेक्षा-शून्य हो, वासना, तृष्णा से मुक्त हो—बस उसी क्षण में। जब भी ऐसी वसंत की घड़ी तुम्हारे भीतर सज जाएगी—बज उठती है भीतर की शहनाई; खिल जाते हैं बेमौसम फूल; उतर आती है कोई किरण आकाश से और कर जाती है तुम्हें सदा के लिए और, भिन्न। फिर तुम दोबारा वही न हो सकोगे। समाधि का पहला अनुभव—और स्नान हो गया!

सदियों-सदियों से तुम गंदे हो। धूल जम गई है बहुत लंबी यात्राएं की हैं। समाधि का पहला अनुभव सारी धूल बहा ले जाता है। सारी धारणाएं, सारी धारणाओं के जाल—सब समाप्त हो जाते हैं; तुम निर्दोष हो जाते हो।

कहा नहीं गोरख ने कि जैसे छोटा बालक भीतर जन्मता है—अंतर के शून्य में एक बालक बोल उठे, एक नए जीवन का आविर्भाव! समाधि में तुम्हारी मृत्यु हो जाती है।

मरौ हे जोगी मरौ...। अहंकार मर जाता है। तुम मिट जाते हो और परमात्मा हो जाता है।

चौथा प्रश्न : प्यारे प्रभु!
प्रश्नों के अंबार लगे हैं
उत्तर चुप हैं,
कौन सहेजे इन कांटों को
बगिया चुप है, माली चुप है
प्रश्न स्वयं में रहता चुप है
दिनकर चुप है, रातें चुप हैं

उठी बदरिया कारी-कारी
लगा अंधेरा बिलकुल घुप है।
प्रभु, इस स्थिति का निराकरण करने की अनुकंपा करें।

कन्नूमल! जब तक प्रश्न हैं तब तक उत्तर चुप रहेंगे। प्रश्नों के कारण ही उत्तर चुप हैं। प्रश्नों से उत्तर नहीं मिलता; जब प्रश्न चले जाते हैं और चित्त निष्प्रश्न हो जाता है तब उत्तर मिलता है। प्रश्नों की भीड़ में ही उत्तर खो गया है।

ठीक कहते हो तुम : प्रश्नों के अंबार लगे हैं, उत्तर चुप हैं।

उत्तर चुप रहेंगे ही। प्रश्न इतना शोरगुल मचा रहे हैं, उत्तर बोलें तो कैसे बोलें? और खयाल रखना, प्रश्न अनेक होते हैं, उत्तर एक है। उत्तर तो एकवचन है, प्रश्न बहुवचन। प्रश्नों की भीड़ होती है। जैसे बीमारियां तो बहुत होती हैं स्वास्थ्य एक होता है। बहुत तरह के स्वास्थ्य नहीं होते। तुम किसी से कहो कि मैं स्वस्थ हूं तो वह यह नहीं पूछता कि किस प्रकार स्वस्थ, कौन-सी भांति के स्वास्थ्य में हो? लेकिन किसी से कहो मैं बीमार हूं तो तत्क्षण पूछता है—कौन-सी बीमारी? बीमारियां बहुत हैं, स्वास्थ्य एक है। प्रश्न बहुत हैं, उत्तर एक है। और बहुत प्रश्नों के कारण वह एक उत्तर पकड़ में नहीं आता। भीड़ लगी है प्रश्नों की, सच कहते हो। चारों तरफ प्रश्न ही प्रश्न हैं... प्रश्न से प्रश्न निकलते जाते हैं, खड़े होते जाते हैं, मिटते जाते हैं, नए बनते जाते हैं। तुम इतने घिरे हो प्रश्नों से यह सच है। मगर इसी कारण उत्तर चुप है।

तुम कहते हो : प्रश्नों के अंबार लगे हैं, उत्तर चुप हैं।

उत्तर चुप नहीं हैं; उत्तर भी बोल रहा है; लेकिन उत्तर एक है और प्रश्न अनेक हैं। नक्कारखाने में तूती की आवाज जैसे खो जाए...। बाजार में, शोरगुल में कोई धीमे-धीमे स्वर में गीत गाए, जैसे खो जाए, ऐसा ही सब खो गया है।

उत्तर पाया जा सकता है। उत्तर दूर भी नहीं है। उत्तर बहुत निकट है। उत्तर तुम हो। उत्तर तुम्हारे केंद्र में बसा है। जरा प्रश्नों को जाने दो। प्रश्नों को मूल्य मत दो। प्रश्नों को बहुत ज्यादा अर्थ भी मत दो। प्रश्नों से धीरे-धीरे उदासीन हो जाओ। प्रश्नों को सहयोग मत दो, सत्कार मत दो। प्रश्नों की उपेक्षा करो। प्रश्नों के प्रति तटस्थ हो जाओ। क्योंकि जो प्रश्नों में चला गया, वह दर्शनशास्त्र के जंगल में भटक जाता है। तुम प्रश्नों को चलने दो, आने दो, जाने दो। ऐसे ही देखो प्रश्नों की भीड़ को, जैसे तुम रास्ते पर चलते लोगों को देखते हो—न कुछ लेना, न कुछ देना—असंग-भाव से, दूर खड़े...। तुम्हरे और तुम्हारे प्रश्नों के बीच जितनी दूरी बढ़ जाए, उतना हितकर है; क्योंकि उसी अंतराल में उत्तर उठेगा।

बुद्ध के पास जब भी कोई जाता था, कोई प्रश्न पूछने, तो बुद्ध कहते : रुक जाओ, दो वर्ष रुक जाओ। दो वर्ष चुप बैठो मेरे पास, फिर पूछ लेना।

ऐसा हुआ, एक बड़ा दार्शनिक बुद्ध के पास गया। मौलुंकपुत्त उसका नाम था। जाहिर दार्शनिक था। उसने बड़े प्रश्नों के अंबार लगा दिए। बुद्ध ने प्रश्न सुने और कहा कि मौलुंकपुत्त, तू

सच ही उत्तर चाहता है? अगर सच ही चाहता है, कीमत चुका सकेगा?

मौलुंकपुत्त ने कहा : जीवन मेरा अंत होने के करीब आ रहा है। जीवन-भर से ये प्रश्न पूछ रहा हूं। बहुत उत्तर मिले, लेकिन कोई उत्तर उत्तर साबित नहीं हुआ। हर उत्तर में से नए प्रश्न निकल आए हैं। किसी उत्तर में समाधान नहीं हुआ है। आप क्या कीमत मांगते हैं? मैं सब कीमत चुकाने को तैयार हूं। मैं इन प्रश्नों के हल चाहता हूं। मैं इनका समाधान लेकर इस पृथ्वी से जाना चाहता हूं।

फिर, बुद्ध ने कहा, ठीक है। क्योंकि लोग उत्तर तो मांगते हैं, मगर कीमत चुकाने को राजी नहीं होते; इसलिए मैंने तुझसे पूछा। फिर दो साल तू चुप बैठ जा, यही कीमतहै। तू मेरे पास दो साल चुप बैठ, बोलना ही मत। जब दो साल बीत जाएंगे, मैं खुद ही तुझसे पूछूंगा कि मौलुंकपुत्त, अब पूछ ले। फिर तू पूछ लेना तुझे जो पूछना हो। और आश्वासन देता हूं कि सब उत्तर दे दूंगा, सब निराकरण कर दूंगा! मगर दो साल बिलकुल चुप, सन्नाटा... दो साल बात मत उठाना।

मौलुंकपुत्त सोच ही रहा था कि हां कहूं कि ना, क्योंकि दो साल लंबा वक्त है और इस आदमी का क्या भरोसा, दो साल बाद देगा भी उत्तर कि नहीं? उसने कहा कि आप पक्का विश्वास दिलाते हैं कि दो साल बाद उत्तर देंगे? बुद्ध ने कहा : बिलकुल विश्वास दिलाता हूं, तू पूछेगा तो दूंगा। तू पूछेगा ही नहीं तो मैं किसको उत्तर दूंगा? तभी एक भिक्षु पास के एक वृक्ष के नीचे बैठा ध्यान कर रहा था। खिलखिलाकर हंसने लगा। मौलुंकपुत्त ने पूछा : यह भिक्षु क्यों हंस रहा है? बुद्ध ने कहा : तुम्हीं पूछ लो। उस भिक्षु ने कहा कि अगर पूछना हो, अभी पूछ लो। यही धोखा मेरे साथ हुआ। हम भी ऐसे ही बुद्धू बने! मगर यह बात सच कह रहे हैं वे कि अगर पूछोगे तो दो साल बाद उत्तर देंगे, मगर दो साल बाद कौन पूछता है! दो साल से मैं चुप बैठा हूं। अब वे मुझसे कुरेद-कुरेद कर पूछते हैं कि पूछो भाई, मगर दो साल चुप रहने के बाद पूछने को कुछ बचता नहीं, उत्तर मिल ही जाता है। अगर पूछना हो तो अभी पूछ लो, नहीं तो दो साल बाद फिर पूछने को कुछ न बचेगा।

और यही हुआ, मौलुंकपुत्त दो वर्ष रुका। दो वर्ष पूरे हुए, बुद्ध भूले नहीं, तिथि-तारीख सब याद रखी। ठीक दो साल पूरे होने पर, मौलुंकपुत्त तो भूल ही गया था, क्योंकि जिसके विचार धीरे-धीरे शांत हो जाएं, उसे समय का बोध भी खो जाता है। क्या समय का हिसाब, कौन दिन आया, कौन वर्ष आया, क्या हिसाब! सब जा चुका था, सब बह चुका था। जरूरत भी क्या थी! बैठना था रोज बुद्ध के पास तो शुक्र हो कि शनि, कि रवि हो कि सोम, सब बराबर था। आषाढ़ हो कि जेठ, गर्मी हो कि सर्दी, सब बराबर था। भीतर तो एक ही रस था—शांति का, मौन का। दो वर्ष पूरे हो गए, बुद्ध ने कहाः मौलुंकपुत्त, तुम खड़े हो जाओ। खड़ा हो गया मौलुंकपुत्त। बुद्ध ने कहा : अब तुम पूछ लो, क्योंकि मैं अपने वचन से मुकरता नहीं। तुम्हें कुछ पूछना है?

मौलुंकपुत्त हंसने लगा और उसने कहा : वह भिक्षु ठीक कह रहा था। मेरे पास पूछने को अब कुछ भी नहीं है। उत्तर आ ही गया। आपकी कृपा से उत्तर आ ही गया।

उत्तर दिया नहीं गया और आ गया! उत्तर बाहर से आता ही नहीं, उत्तर भीतर से आता है। ऐसा ही समझो, जैसे कोई कुआं खोदता है तो पहले कंकड़-पत्थर निकलते हैं, कूड़ा-करकट निकलता है, सूखी जमीन निकलती है, फिर गीली जमीन आती है, फिर कीचड़ निकलती है, फिर जलस्रोत...। जलस्रोत तो दबे पड़े हैं। तुम्हारे प्रश्नों की ही पर्त-पर्त जम गई है, उसी के नीचे

जलस्रोत दबा पड़ा है। खुदाई करो, इन प्रश्नों को हटाओ। और हटाने का उपाय एक ही है : जाग कर साक्षी-भाव से इन प्रश्नों के प्रवाह को देखते रहो। सिर्फ देखते रहो इस प्रवाह को, कुछ मत करो। बैठ जाओ रोज घंटे-दो-घंटे, चलने दो प्रवाह को। जल्दी भी न करना कि आज ही बंद हो जाए।

इसलिए बुद्ध ने कहा, दो साल। कोई तीन महीने के बाद पहली सरसराहट सन्नाटे की शुरू होती है। और कोई दो साल होते-होते अनुभव पक जाता है। बस कोई इतना धीरज भी रखे कि दो घंटे रोज बैठता रहे, कुछ न करे...। उस कुछ न करने में सारी कला छिपी है।

लोग पूछते हैं : बुद्ध को पहली समाधि कैसे घटी? बैठे थे वृक्ष के नीचे, कुछ कर नहीं रहे थे, तब घटी। छह साल तक बहुत कुछ किया—बड़े यम, व्यायाम, प्राणायाम, न मालूम क्या-क्या किया। सब करके थक गए थे, उस रात तय करके सोए कि अब कुछ नहीं करना, हो गया बहुत। करने से भी कुछ नहीं होता। उस रात करना भी छोड़ दिया। उस रात बिलकुल बिना करने की अवस्था में सो गए। शून्य भाव था। सुबह आंख खुली और समाधि द्वार पर खड़ी थी। जिस मेहमान की प्रतीक्षा थी, वह आ गया। आखिरी तारा डूबता था सुबह का और भीतर बुद्ध के आखिरी विचार डूब गया। उधर आखिरी तारे में आकाश खाली हुआ, इधर आखिरी विचार भी डू गया। समाधि आ गई, उत्तर आ गया। इसीलिए तो समाधि कहते हैं उसे, क्योंकि उसमें समाधान है।

सांझ आई, चुप हुए धरती-गगन
नयन में गोधूलि के बादल उठे
बोझ से पलकें झपीं नम हो गईं
सांझ ने पूछा, उदासी किसलिए?
किंतु मेरे पास कुछ उत्तर नहीं!

रात आई, कालिमा घिरती गई
सघन तम में द्वार मन के खुल गए
दाह की चिनगारियां हंसने लगीं
रात ने पूछा, जलन यह किसलिए?
किंतु मेरे पास कुछ उत्तर नहीं!

नींद आई, चेतना सब मौन है
देह थककर सो गई, पर प्राण को
स्वप्न की जादूभरी गालियां मिलीं
नींद ने पूछा, भुलावे किसलिए?
किंतु मेरे पास कुछ उत्तर नहीं!

प्रश्न तो बिखरे यहां हर ओर हैं
किंतु मेरे पास कुछ उत्तर नहीं!

तुम प्रश्नों को पकड़ो ही मत, उत्तर तुम्हें मिलेंगे भी नहीं। कोई कभी प्रश्नों के सहारे चलकर उत्तर पाया भी नहीं। तुम प्रश्न उठने दो, यह मन की खुजलाहट है। खुजलाहट ठीक शब्द है। कभी-कभी खुजलाहट उठती है, तुम खुजा लेते हो—बस ऐसे ही मन की खुजलाहट हैं प्रश्न। खुजा लेने से कुछ हल नहीं होता, लेकिन न खुजाओ तो भी बेचैनी होती है। खुजा लेने से कुछ हल नहीं होता, लेकिन न खुजाओ तो भी बेचैनी होती है। खुजा लेने से थोड़ी-सी क्षण-भर को राहत मिलती है। जल्दी ही उस उत्तर में से भी प्रश्न निकल आएंगे। फिर राहत खो जाएगी, फिर उत्तर की तलाश शुरू हो जाएगी।

कन्नूमल तुम ठीक कहते हो :

प्रश्नों के अंबार लगे हैं
उत्तर चुप हैं
कौन सहेजे इन कांटों को
बगिया चुप है, माली चुप है
प्रश्न स्वयं में रहता चुप है
दिनकर चुप है, रातें चुप हैं
उठी बदरिया कारी कारी
लगा अंधेरा बिलकुल घुप है
प्रश्नों के अंबार लगे हैं
उत्तर चुप हैं।

उत्तर चुप रहेंगे। उत्तर बोलते नहीं। तुम बोलना जब बंद कर दोगे, तत्क्षण उन्हें पहचान लोगे। तुम्हारी वाणी खो जाएगी और तुम पाओगे—शून्य तुम्हारे भीतर बोला, मौन तुम्हारे भीतर बोला। उस मौन में अचानक समाधान है, सब प्रश्नों का उत्तर है; क्योंकि उस मौन में शांति है, सुख है, परम आनंद है।

तुमने एक बात खयाल की, प्रश्न उठते दुःख के कारण हैं! दुःख प्रश्नों का जन्मदाता है। जैसे तुम्हारे सिर में दर्द होता है तो तुम पूछते हो सिर में दर्द क्यों है? जब नहीं होता तो तुम यह नहीं पूछते कि सिर में दर्द क्यों नहीं है? तुम्हें जब बीमारी होती है तो तुम पूछते हो डाक्टर से जाकर कि बीमार क्यों हूं, कारण? लेकिन जब तुम स्वस्थ होते हो तब डाक्टर के पास जाकर नहीं पूछते कि मैं स्वस्थ क्यों हूं, कारण? स्वास्थ्य में कोई प्रश्न नहीं उठता, बीमारी में प्रश्न उठता है। दुःख से प्रश्नों का जन्म होता है, सुख में प्रश्न क्षीण हो जाते हैं।

तुम जैसे ही अपने भीतर शांत हो जाओगे और थोड़े-से सुख की झलक पाओगे, हैरान हो कर पाओगे—प्रश्न खो गए! कौन पूछता है, किसलिए पूछता है! दर्द ही न रहा तो दर्द जन्मदेनेवाले प्रश्न कैसे बच सकते हैं? वे अपने-आप समाप्त हो जाते है।

आखिरी प्रश्न : प्रार्थना क्या है?

प्रार्थना अहोभाव की दशा है।

प्रार्थना है धन्यवाद।

परमात्मा ने इतना दिया है, हम कम-से-कम धन्यवाद तो दें।

प्रार्थना है 'उसके' स्वागत की तैयारी। अतिथि आएगा, अतिथि आता ही होगा। घर पर बंदनवार लगाएं। फूल की माला गूंठें। आरती सजाएं। प्रार्थना स्वागत की तैयारी है। अतिथि कब जा जाएगा, पता नहीं; हम तैयार तो हों!

जब से सुना, द्वार तुम मेरे आओगे,
नई-नई नित बंदनवार बंधाती हूं!

प्राण तुम्हारे स्वागत में द्वार, देहरी,
अंगना देखो, सारा सदन बुहारा है;
कोमल हैं प्रिय चरण तुम्हारे इसीलिए,
पंखुरियों से सारा पंथ संवारा है;
जब से सुना है, सहन तक तुम आ जाओगे,
चौक पूरती, मंगल-कलश भराती हूं।
जब से सुना, द्वार तुम मेरे आओगे,
नई-नई नित बंदनवार बंधाती हूं!

वीराना-सा जीवन समझा था मैंने,
सोचा, कोई भी तो मेरा गीत नहीं है;
अनजाने अधरों पर सहसा आ जाए,
ऐसा कोई भी तो मेरा गीत नहीं है;
जब से सुना, गीत तुम मेरे गाओगे,
नए-नए नित छंद बनाकर लाती हूं!
जब से सुना, द्वार तुम मेरे आओगे,
नई-नई नित बंदनवार बंधाती हूं!

इन नयनों में नए सपन का मेला है,
सतरंगी ये चाह हृदय में मुसकाती;
कैसे काटूं पंख कल्पना के सुंदर,
मन की सोन-चिरैया देखो अकुलाती,

जब से सुना प्राण पर मेरे छाओगे,
नए-नए नित मादक सपन सजाती हूं!
जब से सुना नित बंदनवार बंधाती हूं!

चौराहे पर खड़ी हुई हूं सोच यही,
पता नहीं तुम किस पथ पर होकर जाओ;
मैं दीवानी बनी तुम्हारी, जग कहता,
सांवरिया इस पागलपन को दुलराओ;
जब से सुना अजाना पथ अपनाओगे,
डगर-डगर पर दीपक रोज जलाती हूं!
जब से सुना द्वार पर मेरे आओगे,
नई-नई नित बंदनवार बंधाती हूं!

कब आ जाए अतिथि, किस मार्ग से आ जाए, किस द्वार से आ जाए, इसकी तैयारी का नाम प्रार्थना है! प्रार्थना एक स्वागत की भाव-दशा है।

औपचारिक प्रार्थना में मत पड़ना, सहज हो प्रार्थना, सरल हो, तुम्हारे हृदय से उठी हो, तो ही सार्थक है। शास्त्रीय न हो, हार्दिक हो। फिर चाहे तुतलाने जैसी ही क्या न हो...।

तुमने देखा, छोटा बच्चा जब पहली बार तुतलाने लगता है तो उसका तुतलाना भी कितना प्यारा लगता है! फिर बाद में जब ठीक बोलने लगेगा, सम्यक रूपेण बोलने लगेगा तो शायद कोई इसकी फिक्र भी न लेगा। लेकिन तुतलाना इतना प्यारा लगता कि मां मगन हो जाती है, पास-पड़ोस के लोगों को बुलाती है कि देखो! अभी बताने जैसा कुछ भी नहीं है। फिर जब बोलने लगेगा तो कोई फिक्र नहीं लेगा।

प्रार्थना शुरू-शुरू में तुतलाने जैसी है। और जो प्रार्थना तुतलाती है वही परमात्मा तक पहुंचती है, खयाल रखना, सहज हो, तुम्हारी हो।

आज मैं किसका साथ गहूं?

गगन में लेती घटा हिलोरे,
कल्पना नाचे बनकर मोर,
भावना खींचे अपनी ओर,
कहो, मैं किसके साथ बहूं?

आज तिरती अधरों पर प्यास,

हृदय भी बैठा मौन, उदास,
श्वास में उद्वेलित उच्छ्वास,

वेदना से म्रियमाण रहूं?
नयन की भाषा हैं अनजान,
विहग से उड़ते मेरे गान,
बड़े ही असमंजस में प्राण,
विवशता का अनुताप सहूं?
सांझ की वेला बहुत अधीर,
थिरकता फिरता मंद समीर,
घुटन भर-भर जाती है पीर,
कसकती किससे बात कहूं?

आज मैं किसका साथ गहूं?
कहो, मैं किसके साथ बहूं?

प्रार्थना ऐसा निवेदन है। प्रेम की बात है आकाश से...। दूसरी तरफ से कोई उत्तर नहीं आता। इसलिए जो उत्तर की प्रतीक्षा करेगा, उसकी प्रार्थना जल्दी ही बंद हो जाएगी। उत्तर की प्रतीक्षा ही मत करना, तुम अपना निवेदन जारी रखना। तुम इसकी फिक्र ही न लेना कि वह उत्तर देता है या नहीं, उस तक बात पहुंचती है या नहीं, इस सब की चिंता मत लेना। तुम इसकी कोशिश ही मत करना कि मेरी प्रार्थना परमात्मा को बदले; तुम इतनी फिक्र करना कि मेरी प्रार्थना गहरी होती जाए, गहन होती जाए। मेरी प्रार्थना मेरे आंसुओं से भीगे, मेरे आनंद से भीगे। मेरी प्रार्थना पर मेरी मुस्कुराहट की छाप हो; और मेरी प्रार्थना पर मेरे प्राणों के हस्ताक्षर हों---बस इसकी फिक्र करना। और एक दिन अचानक प्रार्थना पहुंच जाती है। तुम्हारी तुतलाहट सुन ली गई। और उसी घड़ी तुम्हारे शून्य के मंदिर में उस बालक का जन्म हो जाता है। वह निर्दोष चेतना प्रवेश कर जाती है। उतरा सफेद कबूतर, समाधि की पहली झलक आई। ...आएगी, निश्चित आएगी।

जीसस ने कहा है: जो मुझे हुआ, तुम्हें हो सकता है। वही मैं तुमसे कहता हूं: जो मुझे हुआ, वह तुम्हें हो सकता है। जो एक मनुष्य को हुआ, वह सभी का जन्मसिद्ध अधिकार है।

आज इतना ही।

सहजै रहिबा

तीन

हबकि न बोलिबा, ठबकि न चालिबा, धीरै धरिबा पांव।
गरब न करिबा, सहजै रहिबा, भणत गोरष रांव।।
स्वामी बनषंडि जाऊं तो षुध्या ब्यापै नग्री जाऊं त माया।
भरि-भरि षाऊं त बिंद बियापै, क्यों सीझति जल ब्यंद की काया।।
धाए न षाइबा, भूखे न मरिबा, अहनिसि लेबा ब्रह्म. अगनि का भेवं।
हठ न करिबा, पडया न रहिबा, यूं बोल्या गोरषदेवं।।
अति अहार यंद्री बल करै, नासै ग्यानं मैथुन चित धरै।
ब्यापै न्यंद्रा झपै काल, ताकै हिरदै सदा जंजाल।।
दूधाधारी परिघरि चित्त। नागा लकड़ी चाहै नित्त।
मौनी करै म्यंत्र की आस। बिन गुर गुदड़ी नहीं बेसास।।

मरौ वे जोगी मरौ, मरौ मरण है मीठा।

तिस मरणी मैरा, जिस मरणी मरि गोरष दीठा।।

मनुष्य जीता है अहंकार में। अहंकार आवरण है, आत्मा नहीं। अहंकार तुम्हारा यथार्थ नहीं, तुम्हारा अभिनय है। अहंकार तुम्हारा सत्य नहीं, तुम्हारी मान्यता है। जैसे रामलीला में कोई राम बने तो राम नहीं हो जाता, ऐसे ही तुम कुछ बन गए हो जो तुम नहीं हो। एक बड़ी रामलीला चल रही है।

जन्मे थे, कोई नाम लेकर न आए थे; फिर एक नाम मिल गया तुम्हें, फिर वही नाम बन गए तुम। जन्मे थे तो कुछ ज्ञान लेकर न आए थे; फिर सिखाया गया, पढ़ाया गया, विद्यालय गए, विद्यापीठ गए। फिर बहुत से विचार तुम्हारे मस्तिष्क में डाले गए, तुम ज्ञान में ढाले गए। फिर तुम सोचने लगे——यह मेरा ज्ञान है। इसमें तुम्हारा कुछ भी नहीं; सब उधार है, सब बासा है। न नाम तुम्हारा, न ज्ञान तुम्हारा, न तुम जो सोचते हो अपनी प्रतिमा वह ही तुम्हारी; वह भी दूसरों ने बना दी। किसी ने कहा सुंदर हो बहुत, तुम मान बैठे। और किसी ने कहा अद्वितीय हो बहुत, तो मान बैठे। किसी ने प्रशंसा की है तो उसे संजोकर रख लिया है। किसी ने निंदा की है तो चोट खाई है।

दूसरों के मंतव्य से तुम्हारा व्यक्तित्व बना है। यह दूसरों के हाथ का निर्माण है। यह दूसरों ने तूलिका लेकर तुम पर रंग कर दिए हैं। और इसी को तुमने अपना होना मान लिया, तो तुम कभी स्वयं को जान न पाओगे।

गोरख कहते हैं : मरौ वे जोगी मरौ। यह जो तुम्हारा झूठा रूप है, इसे तो मर जाने दो, तो सच्चे रूप का अनुभव हो। यह जो तुम्हारा आवरण है, इसे तुम गिर जाने दो। ये वस्त्र तो भस्मीभूत हो जाएं तो अच्छा, ताकि तुम्हारा सत्य नग्न, अपने स्वभाव में प्रगट हो सके। अहंकार न जाए तो आत्मा का कोई अनुभव नहीं होता। और जिसे आत्मा का भी अनुभव न हो, उसे परमात्मा की तो सुध कैसे आएगी?

आत्मा बूंद है, परमात्मा सागर है। बूंद को पहचानो तो सागर की पहचान भी होने लगे, क्योंकि बूंद में सागर छिपा है। और सागर सिवाय बूंदों के जोड़ के और क्या है?

तुम एक किरण हो, परमात्मा एक सूरज। और सूरज किरणों के जोड़ के अतिरिक्त कुछ भी नहीं। परमात्मा हम सब का जोड़ है। परमात्मा हम सबकी समग्रता है। ईश्वर को खोजने निकल पड़ते हो और अहंकार तोड़ा नहीं। अभी एक किरण भी पहचान में नहीं आई और सूरज की तलाश पर चले! भटकोगे बहुत...। तुम भी अभी झूठे हो, तुम जो खोज लोगे वह भी झूठा होगा। झूठ सत्य तक नहीं पहुंच सकता, झूठा और बड़े झूठ तक ही पहुंचता रहेगा।

अहंकार झूठ है, नाटक है। इस नाटक के चलते तुम जो भी करोगे, भ्रांति की बात होगी। करो व्रत, तप, नियम, उपवास; छोड़ो घर-द्वार, जाओ, जंगल। कुछ भी न होगा। इन सबसे तुम्हारा अहंकार नए-नए आभूषण उपलब्ध कर लेगा। और सज जाएगा, और संवर जाएगा। मरोगे नहीं तुम, तुम्हारा अहंकार और जीवन पा जाएगा, और पोषित हो जाएगा। और अहंकार जब तक न मरे तब तक आत्मा का कोई अनुभव नहीं। आत्मा के अनुभव के लिए अहंकार गंवाना होता है।

मरौ वे जोगी मरौ, मरौ मरन है मीठा।

गोरख कहते हैं : बड़ा मीठा है यह मरण जो मैं तुम्हें समझा रहा हूं। ऐसे जो मर जाता है, उसके जीवन में बस मिठास ही मिठास रह जाती है। सत्य बड़ा मीठा है, अनुभव हो तो। अमृत का स्वाद है। फैल जाता है तन-प्राण पर, भरपूर तुम हो जाते हो। तुम्हारे ऊपर से बहने लगता है। जिन्हें मिलता है सत्य, वे खुद तो तृप्त हो ही जाते हैं; उनके पास भी जो, उनकी छाया में भी बैठ जाता है, उसे भी तृप्ति की बूंदे पड़ने लगती हैं, बूंदाबादी होने लगती है। मगर मरना पड़े, यह शर्त है।

झूठ मरे तो सत्य का जन्म हो। सत्य भीतर मौजूद है, मगर झूठ की दीवाल के भीतर कैद है। झूठ की बदलियों में सत्य का सूरज छिप गया है। मिट नहीं गया, कौन झूठ सत्य को मिटा सकेगा? खो भी नहीं गया है, लेकिन विस्मरण हो गया है। जैसे चेहरे पर किसी ने घूंघट डाल दिया, कोई चेहरा मिट नहीं गया, लेकिन घूंघट के कारण अब दिखाई नहीं पड़ता।

हमने अपने अहंकार के घूंघट में ही अपनी आत्मा को छिपा लिया है। लोग सोचते हैं परमात्मा पर परदा है, गलत सोचते हैं; परदा तुम्हारी आंख पर है। परदा तुम पर है, परमात्मा तो बिलकुल बेपर्दा है। परमात्मा तो नग्न खड़ा है चारों तरफ, पर तुम्हारे पास देखनेवाली आंख चाहिए।

आज के सूत्र, यह मीठा मरण कैसे घट जाए, इसकी क्या प्रक्रिया होगी, इसकी क्या सार-साधना है—उस संबंध के सूत्र हैं। कैसे हम करें? कैसा मरण है गोरख का? तिस मरणी मरौ...। मरते तो सभी हैं। मगर मरने-मरने में भेद है। तुम भी मरोगे, बुद्ध भी मरे; लेकिन तुम्हारे मरने में और बुद्ध के मरने में भेद है। तुम सिर्फ देह से मरोगे और अपने अहंकार को, अपने झूठ को बचाकर ले जाओगे—अपने मन में संजोए मंजूषा की तरह। तुम्हारा अहंकार नए गर्भ में प्रवेश कर जाएगा। तुम तो मरोगे, मन न मरेगा। और जब तक मन न मरा तब तक कुछ बदलता नहीं। आवरण बदलते हैं, घर बदलते हैं, यात्रा वही है पुरानी बहुत बार तुम फिर जन्म गए हो। इधर मरे नहीं कि उधर जन्म हुआ नहीं।

अहंकार तुम्हारे सारे रोगों को अपने भीतर छिपाए नए गर्भ में प्रवेश कर जाता है, फिर नई देह रख लेता है। लेकिन वासनाएं पुरानी हैं, रोग पुराने हैं, दुःख पुराने हैं, राहें पुरानी हैं। फिर चल पड़े। फिर थकोगे, फिर गिरोगे, फिर मरोगे, ऐसा बहुत बार हो चुका। बुद्ध भी मरते हैं, गोरख भी मरते

हैं, लेकिन उनके मरने में और तुम्हारे मरने में भेद है। तुम्हारा अहंकार नहीं मरता, केवल देह छूट जाती है; वे अपने अहंकार को गला देते हैं, जला देते हैं। इसके पहले कि देह छूटे वे अपने अहंकार से छूट जाते हैं। और जो मरने के पहले मर गया, उसे महाजीवन अनुभव हो जाता है। फिर उसे दोबारा आने की जरूरत नहीं रह जाती। क्योंकि दोबारा जो लाता था सूत्र, वही मर गया।

आत्मा का न कोई जन्म है, न कोई मृत्यु है। अहंकार जन्मता है, अहंकार ही मरता है। और जो अहंकार से छूट गया, वह शाश्वत है; फिर नहीं मरना है, फिर नहीं जन्म है। फिर एक जीवन है—नित्य, समयातीत। फिर तुम आकाश जैसे बड़े हो। वही तुम्हारा स्वरूप है।

तिस मरणी मरौ, जिस मरणी गोरष मरि दीठा।

इसलिए कहते हैं यह मत सोचना कि मैं साधारण मरने की बात कह रहा हूं। साधारण तो सभी मरते हैं, पशु-पक्षी मरते हैं, पौधे मरते हैं, पहाड़ मरते हैं। उस मरने की बात गोरख नहीं कर रहे हैं, एक विशिष्ट मरण की बात कर रहे हैं—समाधि में मरो, ध्यान में मरो। अहंकार जाए और तुम ध्यान में डूब जाओ। और अहंकार जब तक है तब तक कोई ध्यान में डूब नहीं सकता।

अहंकार के जीने का सूत्र क्या है? अगर समझ में आ जाए तो मरने की कला भी समझ में आ जाएगी। अहंकार जीता है अति से। अति अहंकार का प्राण है। शायद तुमने ऐसा कभी सोचा न हो, विचारा न हो, जागकर देखा न हो कि अति में ही अहंकार का वास है। और, और, और... यह अहंकार के जीने का ढंग है। दस हजार रुपए हैं तो लाख हो जाएं, लाख हैं तो दस लाख हो जाएं। और, और, और... ऐसी विक्षिप्तता में अहंकार जीता है। अति में अहंकार जीता है। फिर अति किसी चीज की हो, धन की हो कि ज्ञान की; पद की हो कि त्याग की; मगर और...।

जिसने तीस दिन का उपवास कर लिया वह सोचता है अगली बार चालीस दिन का उपवास करूं। जिसने चालीस दिन का कर लिया वह सोचता है पचास दिन का करूं। फर्क कहां है? जिसके पास चालीस लाख रुपए हैं वह सोचता है पचास लाख हो जाएं। फर्क कहां है? जो कहता है कि मैंने तीन बार भोजन की जगह दो बार शुरू कर दिया, वह सोचता है कब एक बार शुरू करूं? जो एक ही बार करता है वह सोचता है एक बार भी कैसे छूट जाए?

एक युवक को मेरे पास लाया गया। वह चाहता था सिर्फ पानी पर कैसे जीऊं? और कुछ नहीं लेना चाहता, क्योंकि और सब लेना तो भोग है। सिर्फ पानी पर कैसे जीऊं? सूख गया था। भारत आया इसी तलाश में था अमरीका से कि कोई पानी से जीने का सूत्र बता दे। मैंने कहा, अगर मैं तुझे पानी से सूत्र बता दूं तो तू तृप्त हो जाएगा? आंख बंद कर और सोच। विचारशील युवक था, आंख बंद करे कोई आधा घंटा बैठा रहा। फिर उसने कहा कि नहीं, फिर मैं पूछूंगा कि हवा से कोई कैसे जीए। सिर्फ हवा पर, क्योंकि पानी की भी झंझट क्यों?

ऐसी मन की आकांक्षा है, ऐसी अहंकार की दौड़ है—और। फिर किस दिशा में तुम दौड़ते हो, इससे भेद नहीं पड़ता। अहंकार अति में जीता है। धन हो तो अति हो, त्याग हो तो अति हो, भोग हो तो अति हो, योग हो तो अति हो। मध्य में खड़े हो जाओ और अहंकार मर जाता है। इसलिए बुद्ध ने अपने मार्ग को ही मज्झिम निकाय कहा—बीच का मार्ग, ठीक मध्य में।

एक युवक, राजकुमार श्रोण, बुद्ध के पास दीक्षित हुआ। राजधानी भरोसा न कर सकी।

किसी ने कभी कल्पना में भी नहीं सोचा था कि श्रोण और भिक्षु हो जाएगा! बुद्ध के भिक्षु भी भरोसा न कर सके, आंखें फाड़े रह गए—जब श्रोण आया और बुद्ध के चरणों में गिरा और उसने कहा मुझे दीक्षा दें, मुझे भिक्षु बनाएं।

सम्राट था, और ख्यातिनाम सम्राट था। उसकी ख्याति भोगी की तरह थी। उसके राजमहल में सबसे सुंदर स्त्रियां थीं उस जमाने की। उसके महल में श्रेष्ठतम शराब सारी दुनिया के कोनों-कोनो से आकर इकट्ठी थी। रात-भर राग-रंग चलता था, दिन-भर सोता था। ऐसे भोग में डूबा था कि उसे कभी संन्यास की भी कल्पना उठेगी, यह सोचा नहीं था किसी ने। सीढ़ियों पर भी चढ़ता था तो सीढ़ियों के पास चढ़ने के लिए सहारे के लिए उसने रेलिंग नहीं लगाई थी; नग्न स्त्रिया खड़ी होती थीं, जिनके कंधे पर हाथ रखकर वह सीढ़ियां चढ़ता था। उसका घर, उसने स्वर्ग जैसा बनाया था। स्वर्ग के देवता भी ईर्ष्या करें, ऐसा उसका महल था।

बुद्ध के भिक्षुओं ने बुद्ध से पूछा : हमें भरोसा नहीं आता कि श्रोण, और संन्यस्त हो रहा है! बुद्ध ने कहा : तुम्हें भरोसा आए न आए, लेकिन मैं जानता था यह सन्यस्त होगा। सच पूछो तो मैं इसी के लिए आज राजधानी आया था। क्योंकि जो एक अति पर जाता है, वह दूसरी अति पर भी जाएगा। भोग की एक अति है, इसने पूरी कर डाली; अब और आगे वहा रास्ता नहीं है, तो अहकार को तृप्ति का उपाय नहीं है। जो हो सकता है इस जगत में, सब इसके पास है। अब अहंकार के आगे दीवाल आ गई, अब आगे अहंकार कहां जाए? अहंकार मागता है और; अब और है नहीं, तो अहंकार लौट पड़ा, विपरीत यात्रा पर लौट पड़ा। जैसे घड़ी का पेंडुलम दाएं चला जाता है आखिरी छोर तक, फिर लौट पड़ता है दाएं की तरफ। जब घड़ी का पेंडुलम बाएं तरफ जा रहा है तब तुम खयाल रखना, वह दाएं तरफ जाने के लिए गति इकट्ठा कर रहा है; और जब दाएं तरफ जा रहा है, तब बाएं जाने के लिए गति इकट्ठा कर रहा है। जिनके पास देखने की सूक्ष्म दृष्टि है वे देख पाएंगे। जो अति भोग में जाएगा वह एक न एक दिन अति योग में चला जाएगा।

बुद्ध ने कहा : तुम थोड़े दिन प्रतीक्षा करो, तुम देखोगे जो मैं कहता हूं उसका सत्य। और लोगों ने देखा। दूसरे भिक्षु तो ठीक पटे हुए रास्ते पर चलते हैं, लेकिन श्रोण कांटों और झाड़ियों में चलता है। उसके पैर लहू-लुहान हो गए। दूसरे भिक्षु तो धूप होती तो वृक्षों की छाया में बैठते, श्रोण धूप में ही खड़ा रहता। दूसरे भिक्षु तो वस्त्र पहनते, उसने सिर्फ लंगोटी लगा रखी थी। और ऐसा लगता जैसे लंगोटी भी छोड़ देने की आतुरता है। और एक दिन उसने लंगोटी भी छोड़ दी। दूसरे भिक्षु तो दिन में एक बार भोजन करते, श्रोण दो दिन में एक बार भोजन करता। दूसरे भिक्षु तो बैठकर भोजन करते, श्रोण खड़े-खड़े ही भोजन करता। दूसरे भिक्षु तो पात्र रखते, श्रोण पात्र भी नहीं रखता था, हाथ में ही... करपात्री था, हाथ में ही भोजन लेता था। सूख गया। उसकी सुंदर देह थी। दूर-दूर से लोग उसकी देह को देखने आते थे। उसका चेहरा बड़ा लावण्यपूर्ण था, अति सुदर था। भिक्षु हो जाने के तीन महीने बाद उसे कोई देखता तो याद भी नहीं कर सकता था कि यही सम्राट श्रोण है। पैरों में छाले पड़ गए थे, शरीर काला पड़ गया था, सूख कर हड्डी-हड्डी हो गया था; लेकिन वह और कसे जाता था।

बुद्ध ने कहा : देखते हो भिक्षुओ, मैंने कहा था, जो एक अति पर जाता है वह दूसरी अति पर

चला जा सकता है! मध्य में रुकना कठिन है, क्योंकि मध्य में अहंकार की मृत्यु है।

फिर तो श्रोण ने भोजन भी बंद कर दिया। फिर तो उसने पानी लेना भी बंद कर दिया। अति और अति पर जाने लगी। फिर तो ऐसा लगा कि अब वह दो-चार दिन का मेहमान है और मर जाएगा। तो बुद्ध उसके द्वार पर गए, जिस वृक्ष के नीचे झोपड़ा बना दिया था उसके विश्राम के लिए। वह पड़ा था। बुद्ध ने उससे कहा : श्रोण, मैं तुझसे एक बात पूछने आया हूं। मैंने सुना है कि जब तू सम्राट था तो तुझे वीणा बजाने की बड़ी आतुरता रहती थी। तू वीणा बजाने में बड़ा कुशल भी था। तेरा बड़ा रस था वीणा में। मैं तुझसे एक प्रश्न पूछने आया हूं—जब वीणा के तार बहुत ढीले हों तो संगीत पैदा होता है या नहीं?

श्रोण ने कहा : आप भी कैसी बात करते हैं, आप जानते हैं भलीभांति, तार बहुत ढीले हों तो संगीत कैसे पैदा हो, वह टंकार ही पैदा नहीं हो सकती!

बुद्ध ने कहा : फिर मैं यह पूछता हूं कि तार अगर बहुत कसे हों तो संगीत पैदा होता है या नहीं?

श्रोण ने कहा : बहुत कसे हों तो छूते ही तार टूट जाएंगे, संगीत पैदा नहीं होता, सिर्फ तारों के टूटने की आवाज आएगी। साज के टूटने की आवाज आएगी, संगीत कैसे पैदा होगा?

तो बुद्ध ने कहाः तुझसे याद दिलाने आया हूं। जैसे तुझे वीणा का अनुभव है, वैसे ही मुझे जीवन-वीणा का अनुभव है। मैं तुझसे कहता हू, जीवन के तार भी बहुत कसे हों तो संगीत पैदा नहीं होता, और जीवन के तार बहुत ढीले हों तो भी संगीत पैदा नहीं होता। तार मध्य में होने चाहिए श्रोण; न बहुत कसे, न बहुत ढीले। संगीतज्ञ की बड़ी कुशलता इसी में है कि वह तारों को ठीक मध्य में ले आए, उसी को साज का बिठाना कहते हैं।

इसलिए तुम देखते हो, शास्त्रीय संगीत कहीं होता है तो आधा घंटा, घंटा तो साज ही बिठाने में लग जाता है। साज बिठाना बड़ी कला की बात है। क्योंकि तारों को उस मध्य में ले आना, जहां न तो वे कहे जा सकते हैं कि ढीले हैं और न कसे हैं, बड़ी कुशलता, बड़ी परख चाहिए। संगीत का कोई जौहरी हो तो ही बिठा सकता है।

ऐसी ही जीवन-वीणा है—बुद्ध ने कहा—श्रोण, इसलिए अब तू जाग, बहुत हो गया। मैं प्रतीक्षा करता रहा कि तुझे कर लेने दूं अति। पहले तेरे तार बहुत ढीले थे, अब तूने बहुत कस लिए हैं। न तब संगीत पैदा हुआ, न अब संगीत पैदा हो रहा है। कहां है तेरे पास समाधि? यह तू क्या कर रहा है? पहले ठूंस-ठूंस खाता था, अब उपवासा मर रहा है। पहले कभी तू नंगे पैर नहीं चला था; तू चलता था तो रास्ते पर मखमल बिछाई जाती थी। और अब तू रास्ता ठीक हो उस पर नहीं चलता; झाड़ियों में, कांटों में, ऊबड़-खबड़ रास्तों में चलता है। पहले शायद शराब के अतिरिक्त तूने पानी कभी पीया नहीं था; अब तू पानी भी पीने में डरता है! अब तू पानी भी नहीं पीना चाहता। पहले तेरे घर मांसाहार के अनूठे-अनूठे भोजन तैयार किए जाते थे; अब तू रूखी रोटी भी खाने को राजी नहीं है। देख, एक अति से तू दूसरी अति पर चला गया। उसमें भी विसंगीत था, इसमें भी विसंगीत है। मैं तुझे पुकारता हूं कि अब समय आ गया है कि तू मध्य में आ जा।

श्रोण की आंखों में आंसू बहने लगे। उसे बोध हुआ, उसे बात दिखाई पड़ गई।

आज के सूत्र वीणा के तारों को मध्य में ले आने के सूत्र हैं। और जैसे ही कोई मध्य में आया कि अहंकार मर जाता है, अहंकार जी नहीं सकता। अहंकार तो रोग है, तुम रुग्ण चित्त होओ तो ही जी सकता है। तुम्हारे रुग्ण होने में ही अहंकार का जीवन है। और तुम्हारे रुग्ण होने की कला है अति।

मैं अपने संन्यासियों को भी कहता हूं कि मैं जीवन की वीणा का पाठ तुम्हें दे रहा हूं—मध्य। संसार में ऐसे रहो जैसे संसार में नहीं हो। न तो संसार तुम पर हावी हो जाए, और न ही जरूरत है ससार छोड़कर भाग जाने की। न तो भोगी बनो न योगी; तुम मध्य में ठहर जाओ। न तो धन के पीछे दौड़ो, न धन छोड़कर भागो, तुम बीच में रुक जाओ, ठीक मध्य में, जहां अति होती ही नहीं। वहीं तुम पाओगे—बज उठा संगीत! वीणा वीणा सप्राण हो उठी। गूंजने लगा अनाहत नाद...।

हबकि न बोलिबा, ठबकि न चलिबा, धीरै धरिबा पांव।

हबकि न बोलिबा...।

जिन्होंने इस सूत्र पर टीका लिखी है, टिप्पणियों लिखी हैं, उन सबने इसका अर्थ किया है : बिना सोचे-विचारे नहीं बोलना। वह अर्थ मुझे ठीक मालूम नहीं होता। भाषा की दृष्टि से ठीक है। फट से नहीं बोल देना चहिए, कोई कुछ कहे एकदम जवाब नहीं दे देना चाहिए, सोच-विचारकर जवाब देना चाहिए। ऐसा भाषागत अर्थ तो ठीक है, लेकिन साधनागत अर्थ ठीक नहीं है। सोच-विचार के उत्तर देने का अर्थ तो यही हुआ कि उत्तर सहज नहीं होगा, सोचा-विचारा होगा। और आगे सूत्र में गोरख बहते हैं :

गरब न करिबा, सहजै रहिबा, भणत गोरष रांव।

फिर सहज रहने से इसका संबंध नहीं जुड़ेगा। फिर तो रहनी बड़ी असहज हो गई। फिर तो तुमने जो उत्तर दिया वह सोचा-विचारा था, संयोजित था, सहज नहीं था।

सहज उत्तर, सहज बोलना, कुछ और ही बात है। सोच-विचार से उसका संबंध नहीं है। तुम जब भी सोचोगे-विचारोगे, तुम्हारा उत्तर असहज हो जाएगा। किसी ने कुछ पूछा, उत्तर देने के पहले तुमने सब जांच-परख की कि क्या कहूं न कहूं, किस बात का प्रभाव अच्छा पड़ेगा किसका बुरा पड़ेगा, किससे लाभ होगा किससे हानि होगी—तुमने यह सोच-विचार कर, गणित बिठा कर कहा तो तुम्हारे वक्तव्य में सहजता नहीं रह जाएगी। तुम्हारा वक्तव्य झूठा हो जाएगा। सहज वक्तव्य तो निर्विचार से आएगा।

हबकि न बोलिबा...।

लोग कहते हैं, इसका अर्थ है : सोच-विचार से बोलना। और मैं कहता हूं इसका अर्थ है : निर्विचार से बोलना, जागरूकता से बोलना। फट से बोलने का मतलब है मूर्च्छा। होश रहे भीतर, होश का दीया जलता रहे, ध्यान जागा रहे। सोच-विचारकर बोलना नहीं, निर्विचार से बोलना।

दो शब्दों का खयाल कर लेना—'अविचार' से बोलना और 'निर्विचार' से बोलना। अविचार से बोलने का मतलब है : बोल दिए जो आया मुंह में, फिर पीछे पछताने लगे।

मैं एक रात एक मित्र के घर मेहमान था। उस घर में महात्मा गांधी के एक पुराने शिष्य

आनंदस्वामी भी मेहमान थे। रात एक ही कमरे में हम दोनों थे, सारे घर के लोग भी इकट्ठे हो गए, कुछ बात होने लगी। आनंदस्वामी से मैंने कहा : आप महात्मा गांधी से कैसे प्रभावित हुए? क्योंकि पूरा जीवन उन्होंने गांधी के लिए ही समर्पित कर दिया। तो उन्होंने कहा कि पहला प्रभाव गांधी का मेरे ऊपर जब पड़ा जब गांधी अफ्रीका से भारत आए। उन्होंने अहमदाबाद में एक वक्तव्य दिया मैं अखबार में रिपोर्टिंग का काम करता था; पत्रकार था। उन्होंने जो वक्तव्य दिया उसमें उन्होंने अंग्रेजों के लिए कुछ अपशब्द बोले। मैंने वे अपशब्द निकाल दिए वक्तव्य में से और जो रिपोर्ट दी अखबारों में, उसमें उन अपशब्दों को बिलकुल नहीं रखा। दूसरे दिन गांधी ने मुझे बुलाया, मेरी पीठ ठोंकी और कहा : तुमने ठीक किया। रिपोर्टिंग ऐसी ही होनी चाहिए। तुमने वे अपशब्द निकाल दिए, बहुत अच्छा किया।

गांधी का इस भांति मेरी पीठ ठोकना—आनंदस्वामी ने मुझे कहा—बस मुझे जीत लिया।

मैंने उनसे कहा कि यह तो बात उलटी हो गई। फिर तुमने कभी दूसरा प्रयोग भी करके देखा या नहीं कि गांधी ने अपशब्द न बोले हों और किसी वक्तव्य में तुम जोड़ देते, फिर वे तुम्हारी पीठ ठोंकते तो कुछ बात थी। इसका तो अर्थ इतना ही हुआ कि गांधी हबक कर बोल गए।

हबकि न बोलिबा . . . । बोल गए जोश में, उत्साह में, उमंग में। बोलने की धारा में बोल गए। फिर पीछे पछताए होंगे। लौटकर सोचा होगा कि वे अपशब्द जो मैंने बोल दिए, गालियां जो दे दीं, देनी नहीं थीं; क्योंकि वे महात्मा के योग्य नहीं हैं गोलियां। पछताए होंगे। फिर तुमने वे अपशब्द निकाल दिए, तुमने गांधी के अहंकार की रक्षा कर ली, तो तुम्हारी पीठ ठोंकी। तुम्हारे अहंकार को इस तरह रस मिला कि मेरी पीठ ठोंकी गई कि मैं कोई पत्रकार हूं, बड़ा पत्रकार हूं! यद्यपि तुमने जो वक्तव्य छापा था वह झूठा था। और गांधी अगर सत्य के प्रेमी थे तो उन्हें तुमसे कहना चाहिए था कि वक्तव्य वैसा ही छापो जैसा दिया गया था। जब दिया ही गया था तो छापने में क्यों भेद किया जाए? तो गांधी सत्यवादी नहीं थे। गांधी की सत्य की बात व्यर्थ हो गई; उन्होंने झूठ को प्रश्रय दिया। जो बोला नहीं था वह छापा गया; जो बोला था वह नहीं छापा गया। यह झूठ को प्रश्रय देना हुआ। तुमने उनके अंहकार की रक्षा की, उन्होंने तुम्हारे अहंकार को फुसलवा दिया, इस तरह तुम एक-दूसरे से प्रभावित हो गए।

मैंने आनंदस्वामी को कहा कि अगर मेरे वक्तव्य में गाली हो तो छपनी ही चाहिए, क्योंकि जब मैंने कही है तो कही है; और अगर नहीं कहनी थी, ऐसा पीछे पता चलता है तो उसका अर्थ हुआ कि कहते समय मैं होश में नहीं था, मैं बेहोश था।

भाषा का भी मद होता है। कई बार तुम बोलने में ऐसी बात बोल जाते हो जो तुम बोलना नहीं चाहते थे। मगर चाहते थे कि नहीं, यह सवाल नहीं है; बोली तुमने तो कहीं तुम्हारे अचेत चित्त में पड़ी तो थी।

तुमने वह वक्तव्य छाप कर आनंदस्वामी—मैंने उनसे कहा—एक झूठ को प्रश्रय दिया। अब सदियों तक यह बात कही जाएगी कि गांधी ने कभी गाली नहीं दी; तुम उसके लिए जिम्मेवार होओगे। तुम्हें लिखना था वही जो लिखा गया था, जो कहा गया था—जैसा, वैसा का वैसा। अगर गांधी को बदलना है तो पीछे सुधार करने का उपाय नहीं होना चाहिए। गांधी अविचार से बोल गए,

पीछे समझदारी आई। सोचा होगा कि क्या बोल गया। लौटकर देखा होगा, लगा होगा इसका परिणाम बुरा होगा। किसी तरह यह बात लौट जाए तो अच्छा।

ऐसा रोज होता है। राजनीतिक नेता एक बात बोल जाते हैं और फिर दूसरे दिन उसका खडन करते हैं—कि नहीं, मैं बोला ही नहीं, या मेरा यह अर्थ नहीं था, या मेरे अर्थ को तोड़ा-मरोड़ा गया है, या मेरे वक्तव्य को ऐसा-वैसा किया गया है। फिर मुकर जाते हैं। रोज यह होता है, तुम रोज अखबारों में देखते हो। यह आश्चर्यजनक मामला है। पीछे खयाल आता है, क्योंकि पीछे जब हिसाब लगाने बैठते हैं, गणित बिठाते हैं, तब पता चलता है कि यह न कहा होता तो अच्छा था, इसके कहने के ये-ये परिणाम होंगे। कहते वक्त तो इतनी जल्दी थी कि फुर्सत नहीं मिली कि क्या परिणाम होंगे, क्या परिणाम नहीं होंगे। कहते वक्त तो त्वरा में कह गए, फिर पीछे बैठे शांति से, सोचा-विचारा, परिणाम का हिसाब लगाया। दूर, क्या-क्या इसके अर्थ लिए जाएंगे, कितने मत देनेवाले प्रभावित होंगे, कितने विपरीत प्रभावित हो जाएंगे, इससे राजनीति के दांव में क्या परिणाम हो जाएगा; चल तो गए चाल, इसका पूरे शतरंज के खेल पर क्या अंतिम अर्थ होगा—यह जब बैठकर सोचते-विचारते हैं तो फिर बदलने का मन उठता है, तो बदल लेते हैं। मगर यह बदलाहट सिर्फ एक बात की खबर देती है—अविचार से बोल गया।

मैंने सुना है, इंग्लैंड के एक मेडिकल कॉलेज में एक विद्यार्थी की मुखाग्र परीक्षा हो रही है। और सब विषयों में उत्तीर्ण हो गया, अब यह मुखाग्र परीक्षा आखिरी परीक्षा है। इसमें उत्तीर्ण हो जाए तो उसे इंग्लैंड की चिकित्सा की सबसे बडी उपाधि मिल जाए। तीन डॉक्टर उसकी परीक्षा ले रहे हैं। उन्होंने उससे कहा कि इस-इस तरह का मरीज है, इस-इस तरह की बीमारी है, ये-ये दवा देनी है, कितनी मात्रा में दोगे? उसने जल्दी से मात्रा बताई। वे तीनों डॉक्टर हंसे। उन्होंने कहा कि ठीक है, तुम जाओ। परीक्षा पूरी हो गई। वह निकल ही रहा था दरवाजे से तब उसे खयाल आया कि इतनी मात्रा तो जान ही ले लेगी, यह जहर है! लौटा, और उसने कहा कि क्षमा करें, जितनी मैंने बताई उससे आधी दूंगा! पर डॉक्टरों ने कहा कि मरीज अब मर चुका, अब लौटकर किससे कह रहे हो? बात गई सो गई। यह परीक्षा ही थोड़े है। अगर मरीज होता तुमने यह दवा दे दी होती तो मरीज तो मर ही चुका होता, लौटकर किससे क्षमा मांगते? अब अगले वर्ष आना, और तैयारी करो। इस तरह लौटकर वक्तव्य बदले नहीं जा सकते और बदले जाएं तो झूठे हो जाते हैं। इस तरह तो मर ही जाएगा।

अविचार से मत बोलना—ऐसा अर्थ करो तो उसका अर्थ यह नहीं हुआ कि विचारपूर्वक बोलना। उसका अर्थ मेरे हिसाब में होता है—निर्विचार। क्योंकि जहां विचार हैं, वहां गलती हो जाएगी। जहां निर्विचार हैं, चित्त बिलकुल शांत, दर्पण की भांति है, मौन है, शून्य है, जहां ध्यान जगा है—वहां कभी भूल नहीं होती। वहां लौटकर पीछे देखने की जरूरत नहीं पड़ती। वहां कभी पछतावा नहीं होता।

इसलिए मैं इसका अर्थ करता हू : ध्यानपूर्वक बोलना। जिसको बुद्ध ने सम्यक स्मृति कहा है। जागे हुए बोलना। होश में बोलना। सोच-विचार कर नहीं, क्योंकि सोच-विचार का तो मौका हो या न हो, समय हो या ना हो। जिंदगी में समय कहां है? बहुत बार तुम अच्छी बात कहना चाहते

हो, नहीं कह पाते, बाद में याद आती है।

पश्चिम का एक बड़ा विचारक, विक्टर ह्यूगो, एक बैठक से आ रहा था। तीन-चार और साहित्यिक साथ थे। कुछ बात चली। एक साहित्यकार ने कुछ कहा—इतना प्यारा वचन था कि विक्टर ह्यूगो के मुंह ने निकल गया कि काश, यह मैंने कहा होता! तीसरे साहित्यकार ने कहा : ह्यूगो, मत घबड़ाओ। तुम कहोगे, तुम किसी न किसी दिन कहोगे। आज नहीं कल कहोगे। निकलेगा यह तुम्हारे मुंह से, घबड़ाओ मत। किसी और परिस्थिति में तुम कहोगे, मगर कहोगे जरूर। तुम छोड़ोगे नहीं।

मगर बात तो गई सो गई। तुम्हें भी लगता है बहुत बार कि यह बात मैंने कही होती, जैसे किसी ने मेरे शब्द छीन लिए, कि मेरे ओंठ पर आई बात छीन ली। और कभी तुम्हें लगता है कि काश मैं यह शब्द बचा गया होता तो कितनी झंझट बच जाती! क्योंकि कभी-कभी छोटा-सा शब्द पूरे जीवन का रूपांतरण दे सकता है। तुम्हारी दी गई छोटी-सी गाली तुम्हारे पूरे जीवन को बदल दे, और तुम्हारे मुह से गिरा हुआ एक मधुर वचन तुम्हारे पूरे जीवन को नया कर दे, कुछ कहा नहीं जा सकता। छोटी-सी बात!

अमरीका की एक बहुत बड़ी अभिनेत्री ग्रेटागार्बो बड़ी गरीब स्त्री थी अपने बचपन में। और नाईबाड़े में लोगों की दाढ़ी पर साबुन लगाने का काम करती थी।

उसने कभी सोचा ही नहीं था इतनी बड़ी अभनेत्री, विश्वप्रसिद्ध अभिनेत्री हो जाएगी। उस नाईबाडे में एक फिल्म-डायरेक्टर एक दिन बाल बनवाने आया और उसने उसकी दाढ़ी पर साबुन लगाया। जब वह साबुन लगा रही थी, फिल्म निर्देशक था, उसके मुंह से उसके चेहरे को दर्पण में देखकर बस एक शब्द निकल गया कि सुंदर... सुंदर चेहरा है। और इतना ही वचन ग्रेटागार्बो की जिंदगी में क्रांति बन गया। दो-दो पैसे में दाढ़ी पर साबुन लगानेवाली स्त्री करोड़ों डालरों की मालिक होकर मरी उतना-सा वचन। सोचकर कहा भी नहीं गया था, सहज निकल गया था। पर ग्रेटागार्बो को याद आ गई अपने सौंदर्य की। उसने पहली बार दर्पण में अपने को गौर से देखा। दर्पण के सामने तो रोज खड़ी रहती थी, मगर लोगों की दाढ़ी पर साबुन लगाती रहती थी, कभी खयाल किया ही नहीं था। कभी सोचा भी नहीं था कि मैं सुंदर हूं, या सुंदर हो सकती हूं। उस गरीब की इतनी क्षमता भी न थी इतना विचार करने की।

ग्रेटागार्बो ने पूछा : सच, आप कहते हैं मैं सुंदर हूं; उस पर फिल्म निर्देशक ने कहा कि सुंदर ही नहीं, सुंदरतम स्त्रियों में एक। और यदि तुम चाहो तो मैं प्रमाण जुटा दूंगा, क्योंकि मैं एक फिल्म-निर्देशक हूं, मैं एक फिल्म बनाने आया हूं। मैं तुम्हें फिल्म में ले सकता हूं, तुम्हारे पास चेहरा है जो फोटोजैनिक है, जो चित्र में इतना सुंदर होकर प्रगट होगा! मैं जिंदगी-भर चित्रों से ही काम करता रहा हूं।

इसलिए कई बार ऐसा हो जाता है कि कोई व्यक्ति, फिल्म अभिनेता, अभिनेत्री, तुम सीधे मिलो तो चाहे सुंदर न मालूम पड़े, उसके पास फोटोजैनिक चेहरा होता है। फोटो में सुंदर आता है, चाहे सामने देखने में सुंदर आए या न आए, ये दोनों अलग बातें हैं। कई बार बहुत सुंदर लोग, सामने देखने पर सुंदर मालूम होते हैं, लेकिन चित्र में उतने सुंदर नहीं रह जाते।

ग्रेटागार्बो उठ गई आकाश पर। एक छोटी-सी घटना, एक अनायास निकला हुआ शब्द पूरे जीवन को बदल गया; अन्यथा पूरे जीवन शायद लोगों की दाढ़ी पर साबुन लगाते-लगाते मर जाती। एक छोटा-सा शब्द इतनी तरंगें पैदा कर सकता है! मित्र बना सकता है, शत्रु बना सकता है, जीवन को सौंदर्य दे सकता है, कुरूपता दे सकता है।

हबकि न बोलिबा...।

पर मैं अर्थ करता हूं—यह नहीं कि विचारपूर्वक बोलना। विचार में तो गणित है, चालाकी है, होशियारी है, राजनीति है। मैं कहता हूं : निर्विचार, शांत, मौन भाव से बोलना। उठने देना मौन में अंतरतम को। और तब तुम जो बोलोगे वह सम्यक् होगा, क्योंकि शांति में जन्मेगा। सम्यक् वाणी और तुम थिर हो जाओगे। अन्यथा अहंकार तुम्हें इस अति से उस अति पर ले जाएगा।

हबकि न बोलिबा, ठबकि न चालिबा...।

पैर पटक-पटक कर मत चलो। शोरगुल मत करो जिंदगी में। ऐसे गुजर जाओ कि किसी को पता न चले। अनुपस्थित रहो। परमात्मा के होने का ढंग यही है। परमात्मा है, चारों तरफ उपस्थित है, लेकिन पता नहीं चलता। उसकी कला क्या है? ठबकि न चालिबा... पैर पटक-पटक कर नहीं चलता। आंखों में उंगली डाल-डाल कर तुम्हें दिखाता नहीं कि देखो मुझे।

परमात्मा उपस्थित है—अनुपस्थित होकर। है मौजूद; दिखाई उनको ही पड़ता है जो खुद भी अनुपस्थित हो जाते हैं, जो खुद भी बिलकुल शून्य हो जाते हैं। बस उनकी ही आंखों में उसकी छवि बन पाती है।

ठबकि न चालिबा...।

लोग कितने अकड़ कर चल रहे हैं! अकड़े जा रहे हैं। व्यर्थ ही अकड़े जा रहे हैं।

तुमने खयाल किया? रास्ते पर तुम अकेले चलते हो तुम एक ढंग से चलते हो। अगर रास्ता सुनसान पड़ा हो, कोई भी न हो, सुबह तुम घूमने निकले हो, तुम एक ढंग से चलते हो। तुम्हारे चलने में ठबक नहीं होती। लेकिन फिर अचानक दो आदमी रास्ते पर निकल आएं, तुम्हारी चाल बदल जाती है। तुम चलकर देखना, तुम्हारी चाल बदल जाती है। दो आदमी रास्ते पर आ गए, तुम्हारी चाल बदल गई। अब तुम और ढंग से चलते हो। और अगर दो सुंदर स्त्रियां निकल आएं रास्ते पर तो तुम्हारी चाल और भी बदल गई। तुम जल्दी से अपनी धूल-धवांस झाड़ कर मूंछ पर ताव इत्यादि देने लगोगे, टाई वगैरह ठीक कर लोगे, टोपी तिरछी कर लोगे। तुम एकदम ठबक कर चलने लगोगे।

मूंछें नहीं भी हैं तो भी लोग ताव तो देते ही हैं। मूंछ होना जरूरी नहीं है ताव बात ही अलग है; किसी भी ढंग से दिया जा सकता है, कोई मूंछ पर देता है, कोई टाई पर दे देता है। मगर ताव हो।

लोग ऐसे चल रहे हैं कि सारी दुनिया उन्हें देख ले, कि सबकी आंखें उन पर अटक जाएं।

ठबक का अर्थ होता है : मैं सबकी आंखों का केंद्र बन जाऊं। क्यों? क्योंकि अहंकार लोगों का ध्यान मांगता है। और जितना ध्यान लोगों का मिल जाए अहंकार को, उतना ही पोषण पाता है। तुम्हें जितने लोग रास्ते पर नमस्कार करें, जितने लोग स्वीकार करें कि हां आप कुछ हैं, उतना ही

तुम्हारे अहंकार को बल मिलता है। तुम एक दिन रास्ते से गुजरो, कोई देखे भी नहीं, कोई नमस्कार भी न करे, पूरा गांव तय कर ले कि तुम्हारे साथ ऐसा व्यवहार करेगा, कि मानकर चले कि जैसे तुम हो ही नहीं—तुम बहुत दुःखी हो जाओगे। तुम बहुत हारे-थके लौटोगे। तुम कहोगे, बात क्या हो गई? तुम्हारी ठबक का कोई परिणाम ही न हो।

तुम देखते हो, छोटे बच्चे रोज यह प्रयोग करते हैं। बड़ों में भी कोई बहुत भेद नहीं है। छोटे से लेकर बड़ों तक बच्चे ही हैं।! तुम्हें अगर बड़ी उम्र के बच्चे देखने हों, कभी-कभी दिल्ली चले जाया करो—पैंसठ, सत्तर, पचहत्तर, अस्सी, तिरासी साल के बच्चे! कोई प्रधानमंत्री है, कोई गृहमंत्री है, कोई रक्षा मंत्री है, और पड़े हैं एक-दूसरे के पीछे, छोटे बच्चों की तरह! जैसे छोटे बच्चे कचरे के घूरे के पास लड़ रहे हैं कि कौन घूरे पर खड़ा हो जाए। और एक खड़ा हो जाए तो दूसरे धक्के दे रहे हैं और बड़ी ठेलमठेल मची है। और हर एक अपनी मूंछ पर ताव दे रहा है। और हर एक कह रहा है कि एक-एक को पछाड़कर रहूंगा, कि यह देखो इसको पछाड़ा, कि देखो इसको चारोंखाने चित कर दिया!

छोटी उम्र से लेकर बड़ी उम्र तक लोग बच्चे ही हैं। जब तक तुम ध्यान आकर्षित करते हो, जब तक तुम कहते हो मेरी तरफ देखो, तब तक तुम बच्चे हो, बचकाने हो।

तुम्हें रोज अनुभव होगा बच्चों का। तुम्हारे घर में बच्चे हैं, मेहमान आते हैं, तुम बच्चों से कहते हो मेहामन आ रहे हैं शांत रहना; बस, फिर बच्चे शांत रह सकते हैं। वैसे चाहे शांत बैठे रहें, अपने कोने में बैठे गुड्डे-गुड़ियों से खेलते रहें, लेकिन जैसे ही मेहमान आते हैं कि बच्चे आकर बीच में खड़े हो जाते हैं। उलटे-सीधे सवाल पूछने लगते हैं...आइसक्रीम चाहिए, भूख लगी है। तुम हैरान होते हो कि यह बच्चा अभी तक शांत बैठा था, इसे क्या हो गया! यह बच्चा राजनीतिज्ञ हो गया। यह कह रहा है कि ये मेहमान मुझे देखे बिना चले जाएं? दिखाकर रहूंगा, बताकर रहूंगा कि मैं भी कोई हूं! इस घर में मेरी चलती है, चलाकर बता दूंगा। तुम एकांत में बच्चे को कुछ कह दो, वह मान लेता है; चार के सामने कहो, मानने को राजी नहीं होता, इनकार करने की जिद्द करने लगता है। इसलिए बाजार ले जाओ बच्चे को अपने साथ, घर बिलकुल सद्व्यवहार करता है, बीच बाजार में जाकर फजीहत करवा दे—यह भी खरीदूंगा, वह भी खरीदूंगा। और तुम्हारी फजीहत क्या है; फजीहत यही है कि अब चार आदमियों के सामने तुम भी यह नहीं कह सकते कि नहीं खरीद सकूंगा, पैसा नहीं है पास, जेब गरम नहीं है, भई मत सता मुझे। वह भी यह मौका देख रहा है कि अब देखें...।

छोटे बच्चे तुम्हारी ही वृत्तियों को प्रगट करते हैं सरलता से। फिर बड़े होकर तुम उन्हीं वृत्तियों को थोड़ी जटिलता से प्रगट करते हो, थोड़ी होशियारी से प्रगट करते हो; मगर भेद नहीं पड़ता। तुम प्रौढ़ होते ही नहीं। अहंकार कभी प्रौढ़ होता ही नहीं, अहंकार सदा बचकाना होता है।

ठबकि न चालिबा...।

बच्चे देखते हो न, पैर पटकते हैं, शोरगुल मचाते ह, सामान पटक देते हैं! स्त्रियां देखते हो घर में? जरा-सी बात हो जाए कि प्लेटें गिर जाती हैं, बर्तन गिरने लगते हैं, पूरे घर में शोरगुल मचने लगता है।

ठबकि न चालिबा . . . !

वह स्त्री बता रही है कि दिखा दूंगी।

मुल्ला नसरुद्दीन की पत्नी उसके पीछे भाग रही थी, लेकर बेलन। मुल्ला घबड़ाया और बिस्तर के नीचे घुस गया। पत्नी मोटी है, बिस्तर के नीचे जा नहीं सकती। मुल्ला अकड़कर नीचे बैठ गया बिस्तर के। तभी किसी ने द्वार पर दस्तक दी, कुछ मेहमान आ गए।

पत्नी ने जल्दी से बेलन छिपाया और मुल्ला से कहा : बाहर निकल आओ, मेहमान आ गए हैं, जल्दी बाहर निकल आओ। मुल्ला ने कहा : आ जाएं मेहमान, आज दिखाकर रहूंगा इस घर में किसकी चलती है। मुझे जहां बैठना है वहां बैठूंगा।

पत्नी बोली : अरे, ज़ोर से नहीं। मगर मुल्ला ने कहा : किसी से डरते हैं क्या ? घर का कौन मालिक है ? आज यह सिद्ध हो जाएगा, तू कि मैं।

पत्नी बोली : बिलकुल शात, बाहर निकल आओ! मगर मुल्ला इस वक्त अकड़ खा गया। उसने कहा : मांग माफी, रगड़ नाक।

नाक रगड़नी पड़ी। मेहमान द्वार पर खड़े हैं और मुल्ला बिस्तर के नीचे बैठा है, अब यह कुछ अच्छा लगेगा ? और कुछ बोलने लगे बिस्तर के नीचे से बैठा हुआ, कुछ कहने लगे . . . नाक रगड़वा ली!

ठबकि न चालिबा . . . !

गोरख कहते हैं : ध्यान से बोलो, शून्य होकर चलो; जैसे हो ही नहीं ऐसे चलो। किसी को पता न चले। बैंड-बाजे बजाते मत चलो। नगाड़े मत पीटो।

. . . धीरे धरिबा पांव।

इतने आहिस्ता पैर रखो कि पैर की आवाज न हो। इस जगत् से आओ और गुजर जाओ, जैसे हवा का झोंका आता और गुजर जाता है। किसी को कानों-कान खबर न पता चले, कब आए कब चले गए। एक मौन, शून्य स्वर की भांति गुजर जाओ। और तुम जान लोगे परमात्मा को। और तुम पहचान लोगे परमात्मा को।

जो जगत को दिखलाने में ही उत्सुक हो जाते हैं, वे अभिनेता हो जाते हैं। अधिकतर तुम सडकों पर अभिनेताओं को पाओगे। लोग घर से बाहर निकलने के पहले कितनी देर तैयारी करते है! स्त्रियां तो घटों खडी रहती हैं दर्पण के सामने, दर्पण भी थक गए हैं! पति बैठा हार्न बजा रहा है सडक पर और पत्नी अभी दर्पण के सामने सोच ही रही है कि यह साड़ी पहनूं कि यह साड़ी पहनूं ?

मैं एक घर में मेहमान था। पति मुझे लेकर सभा में ले जा रहे थे, बजा रहे हैं हार्न, समय हुआ जा रहा है। और पत्नी क्रोध से खिड़की से झांककर बोली : हजार दफे कह दिया कि एक मिनिट में आती हू! (अगर हजार दफे कहना हो . . . तो हजार दफे तो कहने में ही घंटों लग जाएंगे।) मगर हार्न बजा-बजाकर जान छीने डाल रहे हो। अखिर साड़ी पहनूं कि नहीं ?

शाम जब हम वापिस लौटे तो मैंने उससे पूछा कि सच साड़ी तो पहननी ही पडेगी, मगर इतनी देर क्यों लगी ? तो उसने कहा : कैसे न लगे, आइए आपको दिखलाऊं, तीन सौ साड़ियां हैं!

आखिर सोचना पड़ता है, विचारना पड़ता है, कौन-सी पहनूं, यह पहनूं कि यह पहनूं; कुछ गुण इसके भी हैं, कुछ गुण उसके भी हैं। तो झंझट होती है। कभी-कभी तो एक पहनकर फिर बदलनी पड़ती है। तो देर लग जाती है।

लोग अभिनेता हैं। इसलिए तुम्हें दूसरों की स्त्रियां जितनी सुंदर मालूम पड़ती हैं, अपनी पत्नियां नहीं मालूम पड़तीं। क्योंकि अपनी पत्नियों को तुम उनके स्वाभाविक रूप में देखते हो, दूसरों की पत्नियों को तुम मंच पर देखते हो—सजी-संवरी, रंग-रोगन...।

मुल्ला नसरुद्दीन तो कहता है कि संतति-नियमन के लिए किसी उपाय की जरूरत नहीं, सिर्फ पत्नी रंग-रोगन न करे, बस पर्याप्त है। कोई और आवश्यकता नहीं है। इतना ही चित्त को उदास कर देने के लिए काफी है, सहज स्वाभाविक रहे, बस...।

हबकि न बोलिबा, ठबकि न चालिबा, धीरै धरिबा पांव।

जगत को एक मंच मत समझो और यहां अभिनय करने में ही लीन मत रहो! कुछ सत्य भी है भीतर—अभिनय के पार। उस सत्य को तुम तभी जान पाओगे, उसकी तरफ तुम तभी मुड़ पाओगे, जब तुम्हारे मन में दूसरे तुम्हें ध्यान देते हैं, तुम पर ध्यान देते हैं या नहीं, इसकी कोई चिंता न रह जाएगी। क्योंकि जब तुम चाहते हो दूसरे तुम पर ध्यान दें तो तुम्हें दूसरों पर ध्यान देना पड़ता है। यह पारस्परिक लेन-देन है। तो अपने पर ध्यान कब दोगे? तुम्हें दूसरों पर ध्यान देना ही पड़ेगा, अगर तुम चाहते हो कि वे तुम पर ध्यान दें। तुम अगर चाहते हो कि लोग तुमसे पूछें कि यह जो तुमने साड़ी पहन रखी है, कितने में खरीदी, तो तुम्हें पहले उनकी साड़ी पूछनी पड़ेगी कि यह साड़ी कैसे खरीदी, पोत तो जड़ा एुंबर है, कहां से खरीदी? तब दूसरा तुमसे पूछेगा। स्वभावतः यह जगत् लेन-देन है। दूसरों को ध्यान दो तो दूसरा तुम्हें ध्यान देगा उत्तर में। क्योंकि उसकी आकांक्षा भी ध्यान पाने की है, तुम्हारी आकांक्षा भी ध्यान पाने की है। हम एक-दूसरे के अहंकार को सजाते रहते हैं। फिर अपने पर ध्यान कब दोगे? फिर चूक ही जाओगे उसको जानने से जो तुम्हारे भीतर बैठा था—और वही परम आनंद है। उसी चैतन्य में छिपा है परमात्मा। उसी चैतन्य का स्वाद मिल आए तो शाश्वत जीवन का स्वाद मिले।

हबकि न बोलिबा, ठबकि न चालिबा, धीरै धरिबा पांव।

अन्य स्थल पर गोरख ने कहा है :

भरया ते थीरं, झलझलंति आधा।

सिद्धे सिध मिल्या रे अवधू बोल्या अरु लाधा।

भरया ते थीरं...।

जो भरा हुआ पात्र होता है जल का, वह थिर होता है, झल-झलाता नहीं।

भरया ते थीरं, झलझलंति आधा।

वह जो आधा भरा होता है, वही झलझलाता है। भरी मटकी आवाज नहीं करती, आधी

मटकी आवाज करती है। तुम जितनी आवाज करते हो, जितने पैर पटक कर चलते हो, उतनी ही खबर देते हो कि थोथे हो। जितने बैंड-बाजे बजाकर चलते हो, जितने झंडे उठाकर चलते हो ... झंडा ऊंचा रहे हमारा ... उतनी ही खबर देते हो, थोथे हो, आधे हो! झलझलंति आधा। जो जानता है, जिसे जीवन का थोड़ा अनुभव हुआ है, वह गंभीर होता है, गहन होता है; आवाज नहीं होती, एक सन्नाटा होता है उसके आसपास; एक नीरव संगीत होता है ...।

भरया ते थीरं, झलझलंति आधा।
सिद्धे सिध मिल्या रे अवधू बोल्या अरु लाधा।

तुम तो व्यर्थ ही शोरगुल मचाते हो। तुम्हारे बोलने में और क्या है? तुम्हारे बोलने में कुछ भी तो नहीं है, क्योंकि तुमने कुछ जाना नहीं है, बोलने को तुम्हारे पास क्या है? लेकिन कितना लोग बोल रहे हैं, कितनी बकवास चल रही है! तुम्हारे कान में दूसरे लोग कचरा डाल देते हैं, तुम दूसरों के कान में कचरा डाल देते हो, कचरे पर कचरा इकट्ठा होता जाता है। तुम जरा गौर करना, दिन-भर में तुम जितनी बातें बोलते हो उनमें नब्बे प्रतिशत तो बिलकुल व्यर्थ हैं, न कही होतीं तो चल जाता। लेकिन झलझलंति आधा ... वह जो आधा-आधा भरा है, वह झलझलाए न तो क्या करे? खूब शोरगुल मचता है। लोग बातचीत में लगे हैं। सारी पृथ्वी बातचीत से भरी है। अकारण, व्यर्थ की बातचीत!

गोरख कहते हैं : सिद्धे सिध मिल्या। जो जानते हैं वे तो उन्हीं से बोलते हैं जिनके जानने को आतुरता स्पष्ट है। सिद्ध उनसे बोलते हैं, जो संभावी सिद्ध हैं; हर किसी से नहीं बोलते। हर किसी से बोलने का कोई प्रयोजन नहीं है। सिद्ध तो उनके पास बैठते हैं जिनके पास संभावी सिद्ध होने की बात की झलक मिल रही है। सद्गुरु उनसे बोलते हैं, जो सद् शिष्य हैं। हर किसी से नहीं बोलते।

मुझसे पूछा जाता है कि यहां सभी को आगमन पर सुविधा क्यों नहीं है? सभी की यहां कोई जरूरत नहीं है। मैं उनसे बोल रहा हूं, जो संभावी हैं। मैं उनसे बोल रहा हूं, जो आतुर हैं, जो प्यासे हैं।

सिद्धे सिध मिल्या रे अवधू बोल्या अरु आधा।

तब बोलने में कुछ लाभ है। जो हो गया है सिद्ध, वह उनसे बोले जो होने वाले सिद्ध हैं, तब कुछ लाभ है, अन्यथा व्यर्थ की बकवास है।

गरब न करिबा, सहजै रहिबा, भणत गोरष रावं।

अहंकार न करना और सहज भाव से जीना, ऐसी छोटी-सी शिक्षा है, लेकिन बड़ी से बड़ी शिक्षा यही है। गोरख कहते हैं : इतना ही तुमसे कहता हूं, इतनी बात तुम समझ लो, इतनी बात तुम साध लो, सब हो जाएगा।

गरब न करिबा, सहजै रहिबा ...।

सहज रहना। क्या अर्थ है सहज रहने का? हिसाब-किताब से मत रहना, निर्दोष भाव से रहना। वृक्ष सहज हैं, पशु-पक्षी सहज हैं, सिर्फ आदमी असहज है। असहजता कहां से आ रही है? जो नहीं हूं, वैसा लोगों को दिखला दूं; जो नहीं हूं वैसा सिद्ध कर दूं—इससे असहजता पैदा होती

है। हूं गरीब, लेकिन लोगों पर धाक जमा दूं अमीर होने की। हूं अज्ञानी, लेकिन लोगों को खबर रहे कि ज्ञानी हूं। हूं तो नाकुछ, लेकिन बहुत कुछ बतलाने का मोह है, आग्रह है। वह अहंकार तभी तो भर सकता है। तो तुम जो नहीं हो वैसा लोगों को बतला रहे हो। भीतर कुछ बाहर कुछ। इस धोखे से असहजता हो गई है।

सहज तुम तभी हो सकोगे जब तुम यह अहंकार की यात्रा छोड़ दो। तुम कहो, जैसा हूं हूं—बुरा तो बुरा, भला तो भला। जैसा हूं ऐसा परमात्मा का बनाया हुआ हूं। इसमें अकारण पर्दे न डालूंगा, छिपाऊंगा नहीं। अभी तुम्हारी हालत ऐसी है जैसे घाव है, और उस पर तुमने गुलाब का फल रखकर छिपा दिया है। तो तुम असहज हो गए हो। घाव तो भीतर है, गुलाब का फूल ऊपर रखा है। भीतर मवाद पक रही है। और गुलाब के फूल के कारण घाव भर भी नहीं सकता, क्योंकि सूरज की रोशनी न मिलेगी, ताजी हवा न मिलेगी।

भीतर तुम जो हो, वैसा ही अपने को उघाड़ दो। तब तुम सहज हो जाओगे। भय छोड़ो। भय क्या है? लोग बुरा ही कहेंगे न, तो हर्ज क्या है? लोग ध्यान नहीं देंगे, सम्मान नहीं करेंगे, तो खा क्या जाएगा? उनके सम्मान से मिलता ही क्या है?

नाथ कहै तुम आपा राखौ, हठ करि बाद न करणां।

अपनी आत्मा को सम्हाल लो। नाथ कहै तुम आपा राखौ! कहते हैं गोरखनाथ कि तुम अपनी आत्मा को सम्हाल लो; व्यर्थ के विवाद में मत पड़ो कि मैं यह हूं, कि मैं वह हूं।

...हठ करि बाद न करणां।

तुम जो हो सो हो। ऐसा तुम्हें परमात्मा ने बनाया। इस आपे को सम्हालो।

नाथ कहै तुम आपा राखौ, हठ करि बाद नं करणां।
यहु जग है कांटे की बाड़ी, देखि देखि पग धरणां।

यहां बड़ी कांटे की बाड़ियां लगी हैं। बड़ी मनमोहक बाड़ियां हैं। दूर से फूल मालूम पड़ते हैं; जब चुभ जाएंगे तब पता चलेगा कांटे थे। दूर से बड़े मनमोहक सुहावने ढोल मालूम होते हैं; जब पास पहुंच जाओगे, फंस जाओगे, तब अड़चन होगी। मछली भी फंस जाती है न, आटे को देखकर, आटे के भीतर छिपा कांटा तो उसे भी दिखाई नहीं पड़ता। दूसरे तुम्हारी प्रशंसा करते हैं, आटा लगाया उन्होंने। उसी प्रशंसा में कांटा है, अब तुम फंसे।

इसीलिए तो खुशामद का इतना बल है दुनिया में। तुम किसी गधे से गधे को भी कहो कि आह, कैसी बुद्धि! कैसे सुधी हैं आप! तो गधा भी मान लेता है। गधा भी नहीं सोचता कि मैं और सुधी और बुद्धिमान! क्योंकि चाहता है मानना। तुमने उसके मन की बात कह दी। कहावत है न, कि समय पड़ने पर गधे को भी बाप कहना पड़ता है। और गधा मान लेता है। और गधा भी जानता है भीतर से कि मैं गधा हूं और इनका बाप हो नहीं सकता हूं। मगर मानने का मन करता है कि मान लो, यह मौका क्यों छोड़ रहे हो? तुम कौवे को भी कोयल कहो तो कौवा भी इनकार नहीं करेगा। अगर तुम बहुत प्रशंसा करो और जोश में आ जाए तो कांव-कांव करके सिद्ध कर देगा कि वह कौवा है। लेकिन वह सोचेगा कैसी कुहू-कुहू की पुकार मचा रहा है!

खुशामद का इसीलिए तो इतना प्रभाव है। खुशामद तुम किसी की भी करो, सब काम के लिए राजी हो जाते हैं : हर काम हो सकता है। तुम भी खुशामद में आ जाते हो। जरा देख-देख कर चलना! देखि-देखि पग धरणां, यहु जग है कांटे की बाड़ी।

यहां बहुत कांटे हैं; फूल तो ऊपर-ऊपर हैं, कांटे भीतर हैं। पकड़ने तो जाओगे फूल, फिर चुभ जाओगे कांटे में, फिर निकलना मुश्किल हो जाएगा। ऐसे ही तो लोग पड़ गए हैं लोभ में, क्रोध में, अहंकार में—और असहज में हो गए हैं।

गरब न करिबा, सहजै रहिबा, भणत गोरष रावं।

और गरब के बड़े रास्ते हैं। ऐसा मत सोचना कि सम्राट हैं, वे ही अहंकार से भरे होते हैं, भिखमंगों का भी अहंकार होता है। भिखमंगों के भी अहंकार होते हैं।

मैंने सुना है, एक भिखमंगा मुल्ला नसरुद्दीन की गली में रोज भीख मागता था, कुछ दिन तक दिखाई नहीं पड़ा। बाजार में मिला तो एक दिन तो मुल्ला नसरुद्दीन ने पूछा कि भाई दिखाई नहीं पड़ते, पहले रोज जान खाते थे! इतने दिन तक तुमने जान खाई, इतने सालों तक, कि अब आदत बन गई है। कई दफे खयाल आ जाता है कि तुम आए नहीं, बात क्या है? दरवाजे पर आकर तुमने अपना डंडा नहीं पटका!

तो उसने कहा कि वह गली मैंने दामाद को दे दी। मुल्ला ने कहा : मतलब? तो कहा : वह गली मेरी थी। वहां कोई पर नहीं मार सकता दूसरा भिखारी, हाथ-पैर तोड़ दूंगा। लंगड़ा है, घसिटता है, कहता है हाथ-पैर तोड़ दूंगा, कोई भिखमंगा वहां पर नहीं मार सकता। वह गली मेरी थी, दामाद को दे दी। लड़की की शादी हो गई न!

मुल्ला सोचता था गली अपनी है, आज पता चला कि गली किसकी थी। तुम यह मत सोचना कि सम्राटों का ही अहंकार होता है, भिखमंगों का भी अहंकार होता है। उनके भी राज्य होते हैं, उनकी भी सीमाएं होती हैं। उनके जिले में घुस जाओ, मुश्किल में पड़ जाओगे। वहां मांगों तो उनको उसका टैक्स चुकाना पड़ेगा तुम्हें। नए भिखमंगे अगर मांग लें किसी पुराने भिखमंगे की गली में तो टैक्स चुकाना पड़ेगा। स्वभावतः तुम शायद यही सोचते होओ, तुम्हें पता भी न हो कि तुम किस भिखमंगे के हो! रास्ते पर कोई भिखमंगा हो, जिसने तुम्हें खरीदा हुआ है। उसे हक है, उसके पास लाइसेंस है तुमसे मांगने का। कोई दूसरा भिखमंगा मांगेगा तो उसे उसका टैक्स चुकाना पड़ेगा। तुम्हें पता ही नहीं है कि तुम बिक गए हो, कि रास्ते पर कोई भिखमंगा तुम्हारा मालिक है और हकदार है।

यह मत सोचना कि धनी का ही अहंकार होता है। यह मत सोचना कि भोगी और सांसारिक का ही अहंकार होता है। योगियों का बड़ा अहंकार होता है, त्यागियों का और भी बड़ा अहकार होता है—इतना छोड़ दिया! गर्व से मत...। पंडितों का बड़ा अहंकार होता है।

गोरख कहते हैं :

पंथ बिन चलिबा, अगनि बिन जलिबा, अनिल तृषा जहटिया
ससंवेद श्री गोरष कहिया, बूझिल्यौ पंडित पढ़िया।

कहा कि सुन लो एक पढ़नेवाले पंडितो, ऐ तोतारटंत पंडितो! तुम्हारे पास है क्या? मगर अकड़े जा रहे हो। कुछ कचरा, कुछ शब्द उधार बासे!

ससंवेद श्री गोरष कहिया...।

गोरख कहते हैं : मैंने स्वयं अनुभव से जाना है और तब मैंने पाया है कि तुम्हारे पास सिवाय शब्दों के और कुछ भी नहीं है।

...बूझिल्यौ पंडित पढ़िया।

ऐ पढ़े-लिखे पंडितो, ऐ तथाकथित पंडितो! मैं जो कहता हूं उसे बूझो, थोड़े होश में आओ। पंथ बिन चलिबा। एक ऐसी भी गति है जो बिना पंथ के होती है; जिसमें मार्ग नहीं होता और मंजिल आ जाती है। तुम्हें उसका कुछ पता है? पढ़-पढ़ कर पंडित हो गए, तुम्हें उस राह का पता है जो होती ही नहीं और मंजिल आ जाती है।

पंथ बिन चलि, अगनि बिन जलिबा...।

तुम्हें उस आग का पता है जिसके बिना जलने की घटना घट जाती है। मैं एक ऐसी आग जानता हूं, जो है नहीं लेकिन जला देती है! मैं एक ऐसी मृत्यु जानता हूं, जो घटती नहीं और हो जाती है। मुझे एक ऐसी मंजिल का पता है जिस तक पहुंचने का कोई मार्ग नहीं है। मुझे तुम्हारे भीतर जो बैठा है उसका पता है; उस तक पहुंचने का मार्ग होगा भी क्या? मार्ग तो दूर तक जाने के होते हैं। परमात्मा अगर दूर हो तो मार्ग हो सकता है। परमात्मा तो तुम हो तो मार्ग कैसा? तुम तो परमात्मा हो ही।

पंथ बिन चलिबा...

इसलिए अगर तुम रुक जाओ तो पहुंच जाओ।

अगनि बिन जलिबा...।

और यह अहंकार तो झूठा है, इसको जलाने के लिए कोई वास्तविक अग्नि की जरूरत नहीं है। यह तो तुम समझ जाओ तो बस समझ की अग्नि काफी है और यह जल जाएगा।

गोरख कहते हैं : सीधी-सी मेरी शिक्षा है—सहज की। जैसा कबीर ने कहा, गोरख के आधार पर ही कहा : साधो, सहज समाधि भली!

स्वामी बनखंडि जाऊं तो षुध्या व्यापै, नग्री जाऊं त माया।

वे कहते हैं : ऐ स्वामियो, ऐ भगोड़े संन्यासियो! अगर जंगल जाओगे तो भूख पकड़ेगी। और बैठे जगल में चौबीस घंटे भोजन का चिंतन करोगे, कि पता नहीं कोई देगा, लाएगा, नहीं लाएगा? और अगर नगर जाओगे तो माया पकड़ेगी, मोह पकड़ेगा, ममता पकड़ेगी, आसक्ति पकड़ेगी। देखोगे एक सुंदर स्त्री को गुजरते और मोह पकड़ लेगा। देखोगे एक सुंदर भवन और आकांक्षा जगेगी—काश, मेरा होता! अगर नगर में रहोगे तो माया पकड़ती है। अगर जंगल में चले गए माया से बचने को तो भूख पकड़ती है। करोगे क्या? तुम बड़ी मुश्किल में पड़ोगे।

भरि भरि षाऊं त बिंद बियापैं!

अगर खूब डट-डट कर खाओगे, खूब भर-भर कर खाओगे तो उस भरने से. उस अतिरिक्त भोजन से सिर्फ कामवासना निर्मित होगी। जरूरत से ज्यादा तुम खा लेते हो जो, वही तुम्हारे भीतर वासना बनता है। क्यों वासना बनता है? क्योंकि जो तुमने जरूरत से ज्यादा ऊर्जा अपने भीतर ले ली है, वह ऊर्जा तुम सम्हाल नहीं सकते; वह बाहर जानी चाहिए, वह अतिरिक्त है, वह अनावश्यक है, वह बोझिल है।

वासना क्या है? ऊर्जा के बाहर जाने का उपाय है। संभोग क्या है? ऊर्जा को बाहर फेंकने का उपाय है। जब तुम्हारे पास जरूरत से ज्यादा ऊर्जा होगी तो तुम सम्हाल न सकोगे, वह अपने-आप बहने लगेगी बाहर की तरफ। उसे जाना ही होगा बाहर। एक पात्र में उतना ही तो जल भर सकते, हो न, जितना भरा जा सकता है। अगर ज्यादा भर दिया, पात्र के ऊपर से बह जाएगा। वासना तुम्हारे पात्र के ऊपर से बहती हुई ऊर्जा है, इसलिए अगर ज्यादा खाओगे तो कामवासना पकड़ेगी। अब बड़ी मुश्किल है, अगर कम खाओगे तो दिन-रात भोजन ही भोजन की याद आएगी।

तो करो क्या, फिर मार्ग क्या है? सहज हो जाओ, गोरख कहते है। मध्य में हो जाओ। उतना खाओ जितना आवश्यक है। न तो जंगल जाओ, क्योंकि वहां भूख पकड़ेगी; न शहर में इतने रम जाओ कि शहर के अतिरिक्त तुम्हें कुछ और बचे ही न, क्योंकि वहां कामना पकड़ेगी।

फिर ढग क्या है? शहर में ऐसे रहो जैसे कोई जंगल में रहे, यह मध्य हुआ। घर में ऐसे रहो जैसे कोई वन में रहे। संसार में रहो लेकिन संसार को अपने में मत आने दो। जल में कमलवत् रहो।

क्योंकि सीझति जल ब्यंद की काया।

तब तुम जाना पाओगे कि यह रज-वीर्य से बनी हुई देह भी सिद्धावस्था को कैसे उपलब्ध हो जाती है! तब तुम जान पाओगे। अगर तुमने इस तरह के ढंग चुने कि शहर से डर गए कि यहां कामना पकड़ती है और जंगल चले गए, तो वहां भूख पकड़ेगी। अगर जंगल से डरे कि वहां भूख पकड़ती है, शहर आ गए... और जाओगे कहां, शहर या जंगल, और तो कोई उपाय नहीं है। अगर तुम द्वंद्व में से एक को चुनोगे तो तुम ज्यादा देर उसमें रह न पाओगे, क्योंकि जो विपरीत है उसकी जरूरत तुम्हें खींचने लगेगी, आकर्षित करने लगेगी।

तो सम्यक् आहार लो—उतना जितना ध्यान के लिए पर्याप्त है; उतना जितना पूजा और प्रार्थना के लिए पर्याप्त है। सम्यक् आहार लो, देह को उतना दो जितना देह की सहज क्रियाओं के लिए आवश्यक है। ज्यादा मत डालो, अन्यथा ज्यादा ही तुम्हें अड़चन में डालेगा। अति मत करो।

कुछ लोग हैं, ठूंस-ठूंसकर खा रहे हैं और सूझता नहीं। फिर उनका कुल काम इतना ही है कि भोजन, भोजन, भोजन... उन्हें और सूझता नहीं। फिर अतिरिक्त भोजन से अतिरिक्त ऊर्जा पैदा होती है। फिर ऊर्जा का निष्कासन जरूरी है, नहीं तो ऊर्जा बोझिल कर देगी, भार हो जाएगी। फिर उसके लिए वासना में जाओ। फिर वासना में ऊर्जा बह जाती है। फिर वासना में ऐसे डूबते हैं लोग कि जितनी हो ऊर्जा, बहा देते हैं। फिर खाली हो जाते हैं, रिक्त हो जाते हैं। तो फिर भरो भोजन से, क्योंकि अब रिक्त हो गए। अब खालीपन अखरता है। यह तो बड़ी उपद्रव की बात हो गई। एक अति से दूसरी अति, दूसरी से पहली, पहली से दूसरी, ऐसे ही डोलते रहोगे, घड़ी के पेंडुलम की भांति! तो जीवन की घड़ी चलती रहेगी, आवागमन होता रहेगा। रुक जाओ मध्य में। कभी घडी के

पेंडुलम को बीच में रुका देखा है? जैसे ही पेंडुलम रुकता है, घड़ी रुक जाती है। आवागमन बंद हो गया समय समाप्त हुआ। समय समाप्त हुआ तो संसार समाप्त हुआ।

धाए न पाइबा, भूखे न मरिबा, अहनिसि लेबा ब्रह्म-अननि का भेवं।
हठ न करिबा, पड़्या न रहिबा, यूं बोल्या गोरषदेवं।।

सीधे-सादे सूत्र हैं, पर ऐसे कि लग जाएं तो तीर की तरह हृदय में उतर जाएं और जीवन रूपातरित हो जाए।

धोए न षाइबा...!

भर-भरकर मत खाओ, टूट मत पड़ो भोजन पर!

धाए न षाइबा...!

धावा न बोल दो।

भूखे न मरिबा...।

और भूखे भी न मरो। अनशन मत करो और उपवास मत करो।

अहनिसि लेबा ब्रह्म-अनिनि का भेवं।

सम्यक् रूप से जीयो और ब्रह्म के रहस्य को दिन-रात गुनो। यह जो सारा जगत् रहस्य से भरा है, उस परम के सौंदर्य से आपूरित है। उस परम का प्रसाद सब जगह मौजूद है। इन धूप की किरणों मे, पत्तों में, पत्तों से झरती हुई धूप के चित्तों में, हरे पत्तों में, फूलों में, पक्षियों में, लोगों में, यह जो विराट जीवन है, इसके सम्यक् को पीयो, इसमें अपने को भरो।

मन मेरे, उनकी बात कहो!

उनकी छवि की तुलना में,
सब रंग-रूप हैं फीके;
तृप्त हो गई हूं उनकी—
करुणा के जल को पीके;
उनकी लहर-लहर पर तिरकर, उनके संग बहो!
मन मेरे, उनकी बात कहो!

उनकी तरल-चपल गतिविधियां,
दुनिया-भर से न्यारी;
उनकी मधुर वाणी—
कितनी है मुझको प्यारी;
उनकी छाया बनकर, प्रतिपल उनके पास रहो!

मन मेरे, उनकी बात कहो!

उनकी सहज निकटता का सुख,
जीवन की थाती है,
पर यदि कोई वेला प्रिय की—
बिछुड़न की आती है;
तो भीतर-भीतर उनसे, दूरी का ताप सहो!
मन मेरे, उनकी बात कहो!

प्रभु का स्मरण करो। न तो भोजनभट्ट को जाओ, और न भोजनभट्ट के विपरीत सदा अनशन, उपवास में लग जाओ, उपवास में लग जाओ। याद करो, श्रोण की कथा फिर—जीवन की वीणा के तार न तो बहुत कसे हों न बहुत ढीले, तो संगीत उठता है। वही संगीत भजन है। वही संगीत कीर्तन है। वही संगीत स्मरण है।

मन मेरे, उनकी बात कहो! प्रभु का स्मरण करो। उनके हृदय को गुनो। और उनका रहस्य भरपूर है, चारों तरफ छितरा हुआ है।

स्वर विहंगिनी!

फैला मुक्ताभ पंख
प्राणों में फूंक शंख,
उठती तुम ऊर्ध्व वेग
गगन रंगिणी!

मन के कर क्षितिज पार
खोल हृदय-स्वर्ग द्वार
बरसाती रस निर्झर
ध्वनि तरंगिनी!

भेद बुद्धि-सूक्ष्म व्योम
पीकर अमृतत्व सोम,
गाती आनंद मत्त,
चिर असंगिनी!

बेंध चंद्र, बेध सूर्य

वह भी वही है, भीतर भी वही है; थोड़े उसके रहस्य में डूबो। वही उठता दिखाई पड़ेगा वृक्षों में, वही चांद-तारों से झरता हुआ मालूम पड़ेगा। वही तुम्हारी श्वास-श्वास मे आंदोलित। वही तुम्हारी धड़कन-धड़कन में छिपा। वही तुम्हारी चेतना में व्याप्त—उसके रहस्य को पीयो।

जों व्यक्ति जगत के सौंदर्य से जितना भर जाए, उतना ही परमात्मा के निकट पहुच जाता है। यह सब सौंदर्य उसका है।

हठ न करिबा, पड्या न रहिबा, यूं बोल्या गोरषदेवं।

और जिद्द मत करना। जरूरत से ज्यादा शरीर को कसने की चेष्टा मत करना।

हठ न करिबा . . . ।

अतिरिक्त श्रम मत कर लेना, अन्यथा थक जाओगे और टूट जाओगे। मगर उलटी बात भी न कर लेना।

पड्या न रहिबा . . . ।

आलस्य मत कर लेना। पड़े ही मत रहना—कि जब श्रम नहीं करना, प्रयास नहीं करना, तो पड़े रहें, फिर क्या करना है? दोनों के मध्य . . . । कर्म करना—अकर्म की भांति। करना भी कर्ता न बनना। कर्ता वही रहे, तुम केवल उपकरण, निमित्त मात्र . . . जैसा कृष्ण ने अर्जुन को कहा गीता में कि तू सिर्फ निमित्त हो जा। कर्ता तो परमात्मा है, तू उसके हाथ की प्रत्यंचा हो जा। तुझसे तीर चलाए तो तीर, और तुझसे मंदिर की आरती उतारे तो मंदिर की आरती। न तो अति सक्रिय हो जाना . . . जैसा कि जिन लोगों को कर्मयोग की धारणा पकड़ जाती है वे अति सक्रिय हो जाते हैं। और न अति निष्क्रिय हो जाना। अकर्मयोग भी है। उन्होंने भी धारणाएं बना ली हैं। उन्हें भी उधार मिल गए हैं शास्त्रों से, संतों की वाणी से। अर्थ उन्होंने अपने निकाल लिए हैं। जैसा कहा बाबा मलूक ने—

अजगर करे न चाकरी पंछी करें न काम।
दास मलूका कह गए सबके दाता राम।।

आलसियों ने इसमें से अर्थ निकाल लिया। उन्होंने इसकी अच्छी सुंदर व्याख्या कर ली है। उन्होंने कहा, तो ठीक है, तो पड़े रहो मस्त जैसे अजगर पड़ा रहता है। तो कुछ साधु-संत सिर्फ पड़े रहते हैं। वे सोचते हैं करना क्या है, बाबा मलूकदास कह गए—सबके दाता राम! देगा तो देगा . . . । रह जाओ भाग्य के भरोसे।

यह पूरा देश भाग्य के भरोसे मर गया, इस पूरे देश पर आलस्य छा गया है, यह पूरा देश काहिल और सुस्त हो गया, और इसने अपनी काहिली और सुस्ती को बड़ा आध्यात्मिक रंग दे लिया कि भाग्य में जो होगा सो होगा। तो गरीबी है तो गरीबी है। भिखमंगी है तो भिखमंगी, गुलामी है तो गुलामी। भाग्य से सब कुछ होगा। उसकी इच्छा जब होगी तो सब ठीक हो जाएगा; हमें तो घिसटना है।

इस देश का दुःख है कि हमने यह सूत्र पकड़ लिया आलस्य का; हम पड़े रह गए। पश्चिम

की पीड़ा यह है कि उन्होंने सक्रियता पकड़ ली, इतनी ज्यादा पकड ली कि अब ये रात सोएं कैसे, यह भी भूल गए। अब बिना शामक दवा के सो नहीं सकते। इतनी सक्रियता है, इतनी तरंगें उठ गईं, इतना चित्त चंचल हो गया है कि रात बिस्तर पर पड़ जाते हैं, लेकिन चित्त सोने का नाम नहीं लेता। वह सोच-विचार किए चला जाता है; गणित बिठाता है, हिसाब लगाता है, योजना बनाता है, कल की दूकान, कल का बाजार, कल की दुनिया, उसकी योजना में ही लीन रह जाता है; रात ऐसे ही बिसर जाती है।

पश्चिम पागल हुआ जा रहा है, अति सक्रियता के कारण। और पूर्व दीन-दरिद्र हो गया, अति निष्क्रियता के कारण। अगर गोरख की बात समझो तो न तो पागल होने की जरूरत है और न दीन-दरिद्र होने की जरूरत है।

गोरख कहते हैं :

हठ न करिबा, पड़्या न रहिबा, यू बोल्या गोरष देवं।

मैं तुमसे बीच की बात कहता हू : करो काम, लेकिन निष्काम भाव से। कर्म में उतरो, लेकिन शांत, मौन . . कि कर्म तुम्हे उद्विग्न न कर जाए। कर्म में उतरो, मगर विक्षिप्त मत हो जाओ।

अति अहार यंद्री बल करै, नासै ग्यान मैथुन चित धरै।

बहुत भोजन करोगे, इंद्रिया बल करेंगी बोध नष्ट होगा।

नासै ग्यानं मैथुन चित धरै।

और जितना बोध नष्ट होता है उतना चित्त में सिवाय कामवासना के कुछ भी नहीं रह जाता। इस बात को समझना। बोध की मात्रा जितनी बढ़ती है, काम की मात्रा उतनी कम होती जाती है। बोध की मात्रा जितनी कम होती है, काम की मात्रा उतनी ही ज्यादा होती है। ये दोनों हमेशा एक-दूसरे पर प्रभाव डालते हैं।

तुम प्रयोग करके देखना। अगर तुम ज्यादा भोजन कर लोगे तो मूर्च्छा पकड़ेगी, तत्क्षण नींद आने लगेगी। इसलिए भोजन के बाद नींद आने लगती है। किसी रात बिना भोजन किए रह जाओ तो रात-भर नींद न आएगी। क्योंकि भोजन ही नहीं किया तो मूर्च्छा नहीं पकड़ेगी। इसलिए उपवास जो करता है उसे रात नींद नहीं आती, या नींद कम हो जाती है। बुढ़ापे में नींद कम हो जाती है, क्योंकि भोजन कम हो जाता है। शरीर भोजन ज्यादा नहीं पचा सकता। उम्र चुकने लगी तो अब नींद की भी कोई जरूरत नहीं रह जाती। नींद के साथ मूर्च्छा बढ़ती, नींद में जरूरी है कि तुम्हारी देह तुम्हारी आत्मा से सबल हो जाए, तो ही नींद बढ़ सकती है। भोजन करते हो तो देह बढती है, आत्मा निर्बल होती है। अति भोजन करते हो तो देह बहुत बोझिल हो जाती है, तंद्रा में पड़ जाना पडता है।

जैसे-जैसे होश बढ़ेगा वैसे-वैसे तुम पाओगे कि कामवासना कम होने लगी, क्योंकि देह का बल आत्मा पर कम होने लगा। इसलिए गोरख या मैं तुमसे कामवासना से लडने को नहीं कहते, कहते हैं बोध में जागने को। ज्यादा जागरूक बनो। जो भी करो, जागरूकता से करो। कामवासना में भी उतरो तो जागरूकता से उतरो, होशपूर्वक उतरो। और तुम चकित हो जाओगे, जैसे-जैसे होश बढ़ेगा वैसे-वैसे कामवासना अपने से क्षीण हो जाएगी। एक दिन तुम अचानक पाओगे बिना दबाए,

बिना लड़े कामवासना कहां तिरोहित हो गई, पता नहीं चलता—खोजने जाते हो भीतर, मिलती नहीं। सब तरफ भीतर प्रकाश हो गया है जागरण का।

कामवासना और ध्यान का वैसा ही संबंध है, जैसा रोशनी और अंधेरे का। रोशनी जल जाए, अंधेरा समाप्त। अंधेरे को हटाने की जरूरत नहीं, कौन हटा पाएगा, कैसे हटा पाएगा? अंधेरा कोई हटा सकता है? सिर्फ दीया जलाना होता है। इसलिए जो लोग कामवासना से लड़ रहे हैं, बड़े मूढ़तापूर्ण कृत्य में लगे हैं। लड़ने से वासना और बढ़ेगी, तुम और ग्रसित हो जाओगे। अंधेरे से लड़कर कोई कभी जीता नहीं। तलवार से काटो तो काम न आएगी। डंडे मारो, कुछ अर्थ न होगा। धक्के लगाओ, गांव-भर के पहलवानों को इकट्ठा कर लो, एक छोटी-सी कोठरी का अंधेरा बाहर न निकाल पाओगे। और एक छोटा-सा दीया जलाओ और बस अंधेरा कहां गया, पता नहीं चलता। अंधेरा कुछ है थोड़े ही, अंधेरा नकार है। अंधेरा केवल अभाव है, प्रकाश की अनुपस्थिति है। प्रकाश उपस्थित हो गया, बात हो गई। न तो अंधेरा था, न कहीं गया; सिर्फ प्रकाश नहीं था, प्रकाश आ गया।

कामवासना ध्यान की अनुपस्थिति है। ध्यान का दीया जल जाए, बस कामवासना गई।

मुझसे यहां लोग पूछते हैं कि आप लोगों को ब्रह्मचर्य की शिक्षा क्यों नहीं देते? ब्रह्मचर्य की शिक्षा दी ही नहीं जा सकती; शिक्षा केवल ध्यान की दी जा सकती है। ब्रह्मचर्य तो परिणाम है। जैसे-जैसे ध्यान सघन होता है, ब्रह्मचर्य अपने-आप फलित होगा। सारा श्रम ध्यान पर करना है। जो ब्रह्मचर्य पर सीधी कोशिश करेगा, वह ब्रह्मचर्य के नाम पर कामवासना को दबाकर बैठ जाएगा। और ब्रह्मचर्य तो नहीं होगा, ऊपर-ऊपर होगा, भीतर आत्मा में वासना के कीड़े-मकोड़े सरकेंगे। भीतर वासना के सांप फन उठाएंगे। उसकी जिंदगी बड़ी असहज हो जाएगी, उसकी जिंदगी बड़ी कठिन हो जाएगी। उसके जीवन में शांति पैदा नहीं होगी, न समरसता आएगी; वह तो बड़े द्वंद्व में घिर जाएगा। एक सतत कलह उसके भीतर चलती रहेगी और कलह में कैसे परमात्मा का अनुभव हो सकता है? चित्त निर्द्वंद्व चाहिए तो ही परमात्मा की प्रतीति हो सकती है।

अति अहार यंद्री बल करै, नासै ग्यानं मैथुन चित धरै।
ब्यापै न्यद्रा झंपै काल. . . ।

नींद पकड़ लेती है, मौत पकड़ लेती है।

. . . ताकै हिरदै सदा जजाल।

और फिर भीतर सदा जंजाल बना रहता है,एक उपद्रव मचा रहता है। एक विक्षिप्तता बढ़ती चली जाती है। तुम जरा कभी अपने भीतर झांककर देखो कैसे पागल हो! वहां पागलपन चल रहा है। इस पागलपन के रहते तुम कैसे जान पाओगे सत्य को; असंभव है! यह पागलपन जाना चाहिए। और यह पागलपन एक ही उपाय से जाता है—हंसिबा खेलिबा धरिबा ध्यानं। हंसे, खेले, नाचे, मस्त हो और ध्यान धरे। बस यह चला जाता है।

दुधाधारी परिघरि चित. . . ।

कुछ हैं, जिन्होंने तय कर लिया है कि दूध ही लेंगे। सोचते हैं दूध शुद्ध आहार है।

मैं रायपुर में कुछ दिन मेहमान था। वहां एक मठ है—दूधाधारी मठ। वहा सिर्फ दूध पीकर रहते हैं लोग। लोग सोचते हैं दूध से सब ठीक हो जाएगा। पागल हो गए हो? पहली तो बात, तुम जो दूध पी रहे हो, वह तुम्हारे लिए बनाया नहीं गया है। गाय का पीयोगे न, वह बनाया गया था बछड़ों के लिए। उससे सांड पैदा होते हैं। दूध शुद्ध आहार नहीं है। दूध से कामवासना जगेगी। और कामवासना भी वैसी जैसी सांड की होती है! छोटी-मोटी नहीं, क्योंकि वह बनाया सांड के लिए परमात्मा ने, तुम्हारे लिए बनाया नहीं है। और दूध की प्रकृति में व्यवस्था है कि बच्चे को मिले, जब तक बच्चा भोजन न पचाने लगे तब तक मिले। कोई पशु एक उम्र के बाद दूध नहीं पीता, सिवाय आदमी को छोड़कर। आदमी अस्वाभाविक व्यवहार कर रहा है। तो चाय इत्यादि में, कॉफी में थोड़ा-बहुत डाल लो तो चलेगा; मगर दूधाधारी मत हो जाना।

क्योंकि जब मैं रायपुर में था तो दूधाधारी मठ के एक महत मुझे मिलने आए। उन्होंने कहा कि कामवासना पर कैसे विजय हो? मैंने कहा पहले दूधाहार तो छोड़ो, यह मठ छोड़ो। नहीं तो आदमी तो आदमी, तुम साड हो जाओगे...। और दूध ही दूध पी रहे है। लोग ले जा रहे हैं दूध संतजन हैं, इनको दूध ही दूध...शुद्ध आहार! दूध में क्या शुद्ध है?

अभी कुछ दिन पहले अखबारों में खबर थी कि जापान में दूध के द्वारा मांस निर्मित किया गया है। क्योंकि दूध खून का हिस्सा है, इसलिए मांस निर्मित हो सकता है। सफल हो गए हैं वैज्ञानिक दूध से मांस निर्मित करने में। जापान के बाजारों में दो-तीन महीनों के भीतर दूध से निर्मित सफेद मास उपलब्ध हो जाएगा। क्योंकि दूध में वही तत्व हैं जो मास में हैं। इसीलिए तो दूध पीने से मांस बढ़ जाता है, खून बढ़ जाता है, आदमी मोटा-तगडा हो जाता है।

तुम क्या सोचते हो मां के पेट से बच्चा जब पैदा होता है तो दूध कहां से आ जाता है? उसका खून उसके स्तन की प्रक्रिया से गुजरकर दूध बनने लगता है। इसलिए बच्चे अभी ठीक हैं। दूध में कुछ ऐसी पवित्रता नहीं है। जैसा तुम सोच रहे हो। उससे ज्यादा पवित्रता तो फलों में है। उससे ज्यादा पवित्रता तो गेहूं, चावल, चने में है।

गोरख कहते हैं : दूधाधारी परिघरि चित्त...। दूधाधारी मत बन जाना। नहीं तो दूधाधारी का हमेशा यही ध्यान लगा रहता है—किसके घर से दूध मिलेगा, किसके घर से नहीं मिलेगा? परिघरि चित्त! उसका ध्यान दूसरे के घर में लगा रहता है। किसकी गाय अच्छी है, किसकी बुरी...।

एक दफे मैं एक संत के साथ यात्रा कर रहा था, वह सिर्फ सफेद गाय का ही दूध पीते हैं! मैंने कहा : तुम पागल हो गए हो, तुम कुछ अकल का तो उपयोग करो ; काली गाय होने से दूध थोड़े ही काला हो जाता है, दूध तो सफेद ही होता है। काली गाय से डर है कि कहीं कुछ कालिमा न आ जाए दूध में! नहीं! उन्होंने कहा : नहीं, मैं तो...मेरे गुरु ने कहा है सफेद गाय का दूध। गाय की चमड़ी सफेद या काली, इससे क्या फर्क पड़ता है दूध में? तब तो काली स्त्रियों का दूध काला हो जाए, सफेद स्त्रियों का दूध सफेद हो जाए। दूध तो सफेद है, मगर सफेद होने से कोई चीज शुद्ध थोड़े ही हो जाती है।

बगुले नहीं देखे, खादीधारी बगुले नहीं देखे? मुल्ला नसरुद्दीन एक दिन पहने खादी का

कुर्ता और अचकन और खादी की टोपी और चूड़ीदार पाजामा; बाजार में निकला। और किसी ने कहा : मुल्ला, क्या झक सफेद! मुल्ला ने कहा : धोखे में मत जाओ, कपड़े कितने ही सफेद हों, दिल तो मेरा अभी भी काला है।

कपड़ों के सफेद होने से न तो दिल सफेद होता है, न सफेद दूध पीने से किसी की आत्मा शुद्ध हो जाएगी। मगर उलझनें खड़ी कर लेते हैं लोग। वे संत जो मेरे साथ यात्रा पर गए, इनके साथ बड़ी मुसीबत थी। पहले वे गाय देखेंगे चारों तरफ से घूमकर कि कहीं कोई काला चिट्टा वगैरह तो नहीं है गाय पर। जब गाय बिलकुल सफेद हो, तब कोई स्नान करे, फिर दूध दुहे, गीले ही कपड़े पहने हुए दूध दुहाना चाहिए, ताकि स्नान की स्थिति बनी ही रहे। उनके पीछे लोगों को गीले कपड़े पहने दूध दुहाना पड़े, कंपते जा रहे हैं। सर्दी के दिन, वे कंप रहे हैं और दूध दुह रहे हैं...। और वे दूधाहार कर रहे हैं। और सोच रहे हैं कि वे बड़ा पुण्य कर रहे हैं!

मैंने कहा : तुम नर्क में पड़ोगे, ये सब शिकायतें तुम्हारे खिलाफ की जाएगी। ये जो आदमी ठंड में सिकुड़ रहे हैं, किसी को निमोनिया हो जाए, किसी को सर्दी हो जाए—वह सब तुम्हारे लिए किया जा रहा है। तुम फल भोगोगे बुरा। तुम अभी चौंक जाओ, सावधान हो जाओ तो अच्छा।

दुधाधारी परिघरि चित्त, नागा लकड़ी चाहै नित्त।

और वे जो नंगे हो गए हैं, उनको रोज लकड़ी चाहिए जलाने को। इससे कंबल क्या बुरा है? इससे कपड़े क्या बुरे हैं? अब नंगे हो गए तो लकड़ी जलाओ। यह तो और बड़ी हिंसा हो गई, क्योंकि लकड़ी जलाओ तो वृक्ष काटो। और उनका चित्त इसी में लगा रहता है कि लकड़ी मिलेगी कि नहीं आज। उनको चौबीस घंटे लकडी की धूनी चाहिए क्योंकि वे नंगे हो गए हैं। और आग जला रहे हैं, और आग में कितने कीटाणु मर रहे हैं। वृक्ष कटे, आग में कीटाणु मरे...तुम कपड़े ही पहने रहते हो तो क्या बुरा था? क्यों परेशानियां खड़ी कर रहे हो?

गोरख कहते हैं : सहज जीवन चाहिए। ये अब असहजताएं हैं। अब व्यर्थ की बातों की चिंता पकड़ी है कि लकड़ी मिलेगी आज कि नहीं मिलेगी, सफेद गाय मिलेगी, दूध मिलेगा कि नहीं मिलेगा? जीवन को सरल बनाओ, जटिल नहीं। सहज बनाओ, साधारण बनाओ। व्यर्थ की बातों की चिंताएं अपने सिर पर मोल मत लो।

मौनी करै म्यंत्र की आस...।

और वह जो मौनी होता है, वह चाहता है कोई उसके साथ चले, उसको मित्र की आशा रहती है। एक मित्र मुझे मिलने आए, मौनी साधु! साथ में एक को लेकर आए।

वे उसको इशारा करें, वह मुझे बताए। मैंने कहा : तुम सीधे क्यों नहीं बोलते? उनके मित्र ने बताया कि नहीं, वे मौनी हैं, वे सीधे नहीं बोलते। मैंने कहा : यह और एक झंझट हो गई। अब ये जहां जाएं तुम्हें जाना पड़ता होगा। उन्होंने कहा : हां, जाना पड़ता है। फिर मौनी महाराज पैसा भी नहीं छूते, वह पैसा मुझे रखना पड़ता है। रिक्शा में बैठो, टैक्सी में बैठो, तो पैसा तो देना पड़ेगा; ये छूते ही नहीं पैसा।

मगर पैसा किसका है, मैंने पूछा।

'पैसा तो इन्हीं का है। लोग इनको देते हैं, रखता मैं हूं। लोग इनके पैरों में चढ़ा देते हैं, मैं जल्दी से इकट्ठा कर लेता हूं।'

मैंने कहा : मौनी महाराज हिसाब रखते हैं? वह बोला : अब आप से क्या छिपाना, वे देखते रहते हैं, गिनती करते रहते हैं कितने नोट आए। हाथ से इशारा करके बता देते हैं कि पांच, सम्हालकर रखना। क्यों फिजूल की बकवास! जब तुम्हें गिनती करनी है तो खुद ही गिनती करो, खुद ही खीसे में रखो। गिनती खुद करनी और खीसे में दूसरे के रखवाना और फिर चिंता में पड़े रहना कि कहीं भाग न जाए, कहीं सुबह बदल न जाए!

मैंने उनसे कहा कि कल आप ध्यान को आ जाएं। बंबई की घटना है, बिड़लामातुश्री में ध्यान का प्रयोग चलता था। तो मैंने कहा, कल सुबह आप ध्यान के लिए आ जाएं। उन्होंने कहा... अपने मित्र से कहलवाया, इशारे किए, कि नहीं आ सकेंगे, क्योंकि कल सुबह मैं मौजूद नहीं हूं, दूसरी जगह जा रहा हूं। मेरे बिना नहीं आ सकते, क्योंकि टैक्सी कौन करेगा, बिठाएगा कौन, उतारेगा कौन? वे बोलते नहीं।

यह तो अपने हाथ से पंगु हो गए! ये परमात्मा ने तुम्हें पैर दिए हैं, जबान दी है; तुमने इनको इंकार ही कर दिया! और उपयोग तो तुम जबान ही कर रहे हो; यह भी परमात्मा की जबान है, यह आदमी के मुंह में भी।

तुम्हारी जबान भी उसी की है। इतनी करीब की जबान छोड़कर उतनी दूर की जबान का उपयोग करने का अर्थ क्या है? मगर ऐसे ही उपद्रवों में, ऐसे ही जंजालों में पड़ गए हैं।

मौनी करै म्यंत्र की आस...।

मित्र की आशा लगी रहती है।

...बिन गुर गुदड़ी नहीं बेसास।

यह सब व्यर्थ की बकवास चलती रहती है, क्योंकि बिना गुरु को खोजे जीवन का सार-सूत्र इन लोगों को नहीं मिला है। ये व्यर्थ की बकवास में पड़ गए हैं किताबें पढ़कर, शास्त्रों को पढ़ कर।

तासों ही कछु पाइए, कीजे जाकी आस।
रीते सरवर पर गए, कैसे बुझे प्यास?

रहीम का वचन प्यारा है!

तासों ही कछु पाइए...

उससे ही कुछ मिल सकता है, जिसके पास कुछ हो।

रीते सरवर पर गए, कैसे बुझे प्यास?

शास्त्रों में कहीं पानी है? शब्द ही शब्द हैं। पानी का विचार है, विवरण है, मगर पानी कहां है? सदगुरु के पास ही 'गुर' मिले, सूत्र मिले, कुंजी मिले।

गोरख का वचन है—

बास सहेती सब जग बास्या, स्वाद सहेता मीठा।

उससे ही कुछ मिल सकता है, जिसके पास कुछ हो।

रीते सरवर पर गए, कैसे बुझे प्यास?

शास्त्रों में कहीं पानी है? शब्द ही शब्द हैं। पानी का विचार है, विवरण है, मगर पानी कहां है? सदगुरु के पास ही 'गुर' मिले, सूत्र मिले, कुंजी मिले।

गोरख का वचन है—

बास सहेती सब जग बास्या, स्वाद सहेता मीठा।
सांच कहूं तौ सतगुर मांतैं रूप सहेता दीठा।।

कहते हैं गोरख कि वह तो सारे जगत में सुगंध की तरह भरा हुआ है। उसकी सुगंध से सारा जगत सुगंधित है।

बास सहेती सब जग बास्या, स्वाद सहेता मीठा।

और उसकी मिठास सारे जगत में है, लेकिन कोई दिखानेवाला मिले, कैसे उसे चखे? कोई बतानेवाला मिले, कैसे उसकी सुगंध हमारे नासापुटों तक आ जाए? कैसे उसका संगीत हमारे कानों से संयुक्त हो जाए?

सांच कहूं तौ सतगुर मांतैं रूप सहेता दीठा।

सच्ची बात इतनी है कि जब तक कोई देखनेवाला न मिल जाए, जिसने देखा हो, तब तक तुम्हारा संबंध जुड़वाया न जा सकेगा।

बिन गुर गुदड़ी नहीं पेसास...।

बिना गुरु के विश्वास नहीं आएगा, श्रद्धा नहीं आएगी। कोई आंखवाला ही तुम्हारे भीतर आत्म-विश्वास पैदा कर सकता है कि हां, परमात्मा है। क्योंकि कोई आंखवाला ही साक्षी हो सकता है—चश्मदीद गवाह।

किसी गुरु को खोजे बिना कुछ भी नहीं मिलता। इसी तरह के व्यर्थ झंझटों में लोग पड़ जाते हैं। और गुरु की बात छोटी है, छोटा-सा सूत्र है : सहज हो रहो।

हबकि न बोलिबा, ठबकि न चालिबा, धीरै धरिबा पांव।
गरब न करिबा, सहजै रहिबा, भणत गोरष रांव।।

छोटा-सा सूत्र है : अहंकार छोड़ दो, सरलता से जीयो। अति न करो, मध्य में आ जाओ, सहज भाव...।

सुणि गुणवंता, सुणि बुधिवंता, अनंत सिधां की वांणी।
सीस नवावत सतगुर मिलिया, जागत रैंणिं विहांणी।

गोरख ने कहा : सुनो, जो सुन सकते होओ, समझ सकते होओ तो समझो।

सुणि गुणवंता...।

अगर थोड़ा गुण हो, थोड़ी बुद्धि हो तो सुन लो।

सुणि बुधिवंता...।

अगर थोड़ा बोध हो तो पकड़ लो।

अनंत सिधां की वांणी।

और यह मैं ही नहीं कहता हूं, अनंत सिद्धों ने यही कहा है।

सीस नवावत सतगुर मिलिया, जगत रैंणि विहांणी।

बस शीश झुकाना आ जाए तो गुरु मिल जाए। इधर झुका शीश कि उधर मिला गुरु तो सदा मौजूद है, तुम झुको तो गुरु मिल जाए।

पुरानी मिस्री कहावत है कि जब शिष्य तैयार होता है, गुरु प्रगट हो जाता है। ह्वेनेवर द डिसाइपल इज़ रेडी, द मास्टर एपियर्स। एक क्षण की भी देर नहीं होती। उधर शिष्य झुका, इधर गुरु आया।

सीस नवावत सतगुर मिलिया, जगत रैंणि विहांणी।

फिर यह जगत की रात रात नहीं है, फिर तो जागते-जागते बीत जाती है।

इन छोटे-से सूत्रों को समझना, गुनना और थोड़ा-थोड़ा जीवन में साधना, इनका स्वाद लेना! रहीम के वचन से आज बात पूरी करता हूं——

रहिमन नीर पहान, बूड़ै पै सीझै नहीं।
तैसे मूरख जान, बूझै पै सूझै नहीं।

जैसे पत्थर नदी में पड़ा रहता है, फिर भी भीगता नहीं। ऐसे ही नासमझ सत्संग भी करते रहें, तो भीगते नहीं।

रहिमन नीर पहान, बूड़ै पै सीझै नहीं।

बूड़ा तो रहता है, डूबा तो रहता है पानी में, मगर सीझता नहीं, भीगता नहीं, अछूता ही रह जाता है। पानी में पड़ा-पड़ा अछूता रह जाता है।

तैसे मूरख जान, बूझै पै सीझै नहीं।

सत्संग में बैठकर जो सुन तो ले, शब्द तो सुन ले, लेकिन अनुभव अनुभव न करे। बूझै पै सीझै नहीं। सुन ले, समझ ले, मगर जीये न, अनुभव न करे, उसे मूरख समझना; वह पत्थर है।

यह सत्संग है! भीगो, डूबो, जीयो...!

हबकि न बोलिबा, ठबकि न चालिबा, धीरै धरिबा पांव।
गरब न करिबा, सहजै रहिबा, भणत गोरष रांव।

आज इतना ही।

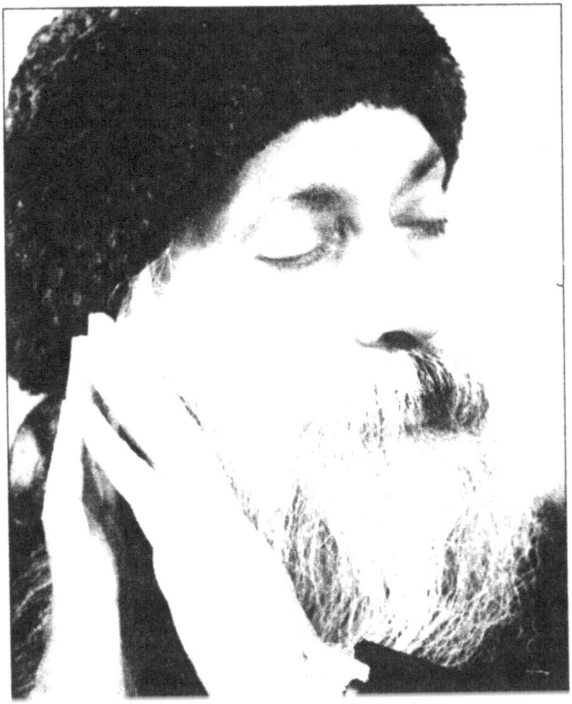

अदेखि देखिबा

चार

प्रश्न-सार

विचार की ऊर्जा भाव में कैसे रूपांतरित होती है?

मैं प्रभु से कुछ मांगना चाहता हूं, क्या मांगू?

गोरखनाथ पंडितों के खिलाफ क्यों हैं?

एक ओर आप कहते हैं कि जो भी करो समग्रता से करो
और दूसरी ओर आप कहते हैं कि किसी चीज की
अति मत करो, मध्य में रहो।
क्या इस विरोधाभास को दूर करने की अनुकंपा करेंगे?

विरह के संबंध में कुछ कहें।

गोरखनाथ की मूल शिक्षा क्या है?
ईश्वर-अस्तित्व का प्रमाण क्या है?

पहला प्रश्न : विचार की ऊर्जा भाव में कैसे रूपांतरित होती है?

चैतन्य कीर्ति! चित्त की दो अवस्थाएं हैं। एक—आंदोलित, तरंगायित, चंचल; वही विचार है। दूसरी—शांत, तरंग-शून्य, मौन, थिर; वही भाव-समाधि है। जैसे झील तरंगों से भरी हो, तो विचार; और झील शांत हो, निस्तरंग हो, तो भाव। चित्त दोनों अवस्थाओं में हो सकता है।

साधारणतः चित्त विचार की अवस्था में है, क्योंकि वासना की हवाएं बह रही हैं। झील तरंगित होती है हवाओं के कारण। हवाओं के थपेड़े झील को डांवाडोल कर जाते हैं। ऐसे ही चित्त तरंगित होता है वासना की हवाओं के कारण—यह पाऊं वह पाऊं, ऐसा हो जाऊं, वैसा हो जाऊं। वह जो भीतर निरंतर कुछ होने की, कुछ पाने की तीव्र ज्वाला जल रही है, वही तरंगित करती है। जैसे वासना चली जाती है, हवाएं बंद हो गईं, झील शांत हो गई, भाव सम्हल गया।

इसलिए समस्त ज्ञानियों ने कहा है : वासना को समझ लो, सब समझ में आ जाएगा। क्योंकि जिसने वासना को समझ लिया, उसने अपने भीतर विक्षिप्तता के पैदा होने का मूल कारण समझ लिया। और जिसे समझ में आ गया है मूल कारण, वह उसे फिर सहयोग नहीं देगा। कौन पागल होना चाहता है! कौन विचार की उधेड़बुन, आपाधापी में पड़ा रहना चाहता है! कौन झेलना चाहता है रोग विचार का!

विचार रोग है क्योंकि निरंतर बेचैनी है, अशांति, तनाव है। विचार संताप है। विचार के कारण ही तो आनंद नहीं अनुभव हो रहा है। आनंद अनुभव हो जाए उसी क्षण, जिस क्षण विचार हो जाए। और विचार तब तक विदा न होगा जब तक वासना की हवाएं बहती हैं।

तुम पूछते : विचार की ऊर्जा भाव में कैसे रूपांतरित होती है?

वासना को समझो। तुम जो हो, उससे ही राजी हो जाओ; वासना विदा हो गई। तुम जैसे हो, उससे संतुष्ट हो जाओ। और की मांग न हो। जो है, परम आह्लादकारी है। जैसा है, उससे भिन्न होने की कोई आवश्यकता नहीं। तो इसी क्षण, देखो कहां गए विचार! भाव सम्हल गया...। धीरे-धीरे

भाव का रस अनुभव होगा। और जब भाव का रस अनुभव होगा तो कौन विचार में जाना चाहेगा! जिसका फूलों से संबंध जुड़ने लगा वह फिर कांटों की तलाश नहीं करता।

लेकिन यह पूरा समाज, यह भीड़, ये लोग, तुम्हारे भीतर वासना को उत्तेजित करते हैं। बचपन से ही वासना की दीक्षा दी जाती है, महत्वाकांक्षा सिखाई जाती है। बाप भी चाहता है बेटा कुछ हो जाए—धन कमाए, पद कमाए, यश-प्रतिष्ठा...घर का नाम, कुल का नाम उजागर करे—पकड़ाई तुमने वासना। छोटे-छोटे बच्चे जिन्हें हम स्कूल भेजते हैं, हम वासना की दीक्षा लेने भेज रहे हैं। पच्चीस वर्ष, जीवन का एक तिहाई हिस्सा, हम लोगों को महत्वाकांक्षा सिखाते हैं! कैसे तुम प्रथम हो जाओ, कैसे दूसरों को पीछे छोड़ दो। चाहे कुछ भी कीमत चुकानी पड़े, चाहे जीवन ही खो जाए इस दौड़ में, मगर दौड़ कर आगे हो जाना...। मरना तो आगे जाकर मरना, पीछे मत रह जाना।

जीसस के वचन पर विचार करो : धन्यभागी हैं वे जो अंतिम हैं, क्योंकि वे ही मेरे प्रभु के राज्य में प्रथम होंगे; और जो प्रथम हैं, वे अंतिम पड़ जाएंगे।

महत्वाकांक्षी प्रभु के राज्य से जुड़ेगा कैसे? उसने तो नरक से अपना नाता बना लिया। फिर जीवन-भर की आपाधापी के बाद न मालूम कितने घाटों का गंदा पानी पीने के बाद, न मालूम कितने रास्तों की धूल-धवांस से लद जाने के बाद, जब जिंदगी का सूरज अस्त होने लगता है, और जब लगता है कि हाथ कुछ लगा नहीं, खाली के खाली रह गए; दौड़े बहुत, पहुंचे नहीं कहीं—तब पश्चात्ताप घेरता है। तब मन सोचता है अब समाधि कैसे पा लें; अब परमात्मा को कैसे पा लें। और फिर तुम्हें मन ने धोखा दिया; वही पाने की भाषा...। अब तुम्हें नई महत्वाकांक्षा पकड़ेगी। इस महत्वाकांक्षा का रूप भर धार्मिक है, ढंग भर धार्मिक है; इसकी आत्मा तो वही की वही है। तुम चाहे धन चाहो चाहे धर्म, पद चाहो चाहे परमात्मा, जब तक चाह है तब तक हवाएं बहती रहेंगी और चित्त तरंगित होता रहेगा। जो धन चाहता है उसके चित्त में धन के विचार उठते हैं; जो परमात्मा चाहता है उसके मन में परमात्मा के विचार उठते हैं—लेकिन विचार तो जारी रहेंगे। इससे क्या फर्क पड़ता है कि विचार किसके हैं, धन के हैं कि धर्म के हैं? धार्मिक विचार हों कि अधार्मिक विचार हों, विचार विचार हैं। और जहां विचार हैं वहां अशांति हैं।

इसलिए मैं तुम्हें धार्मिक विचार नहीं सिखा रहा हूं। मैं तुम्हें निर्विचार की दीक्षा दे रहा हूं। आमतौर से यही चल रहा है मंदिर-मस्जिद में : जो लोग सांसारिक विचारों से भरे हैं, उन्हें हम कैसे आध्यात्मिक विचारों से भर दें, बस...। मगर क्या फर्क पड़ता है? रोग का नाम धार्मिक रख लिया, अच्छा-प्यारा नाम रख लिया, इससे क्या फर्क पड़ता है?

जब तक तुम कुछ भी होना चाहते हो, जब तक तुम भविष्य में कुछ होने की आकांक्षा रखते हो, जब तक तुम कल के प्रति आतुर हो, आकांक्षी हो, अभीप्सु हो, तब तक तुम अशांत रहोगे। विचार की धारा बहती रहेगी। और विचार की धारा बहती रहेगी, तुम परमात्मा से टूटे रहोगे।

मैं तुमसे यह कह रहा हूं कि धार्मिक विचार भी परमात्मा के और तुम्हारे बीच उतनी ही बड़ी बाधा है जितनी सांसारिक विचार की। विचार बाधा है, निर्विचार मिलन है।

गोरख ने कहा है :

अदेखि देखिबा, देखि विचारिबा, अदिसिटि राषिबा चीया।
पाताल की गंगा ब्रह्मंड चढ़ाइबा, तहां बिमल बिमल जल पीया।

जो नहीं दिखाई पड़ता उसे देखना है, तो साधारण आंखें काम न दे सकेंगी। जो नहीं विचार में आता उसका अनुभव करना है, तो विचार की प्रक्रिया साथ न दे सकेगी।

अदेषि देषिबा!

जो दिखाई नहीं पड़ता उसे देखना है, तो आंख बंद करके देखना होगा। वह दिखाई तो पड़ता नहीं है; आंख खोलकर तो जो दिखाई पड़ता है वह संसार है।

अदेषी देषिबा, देषि विचारिबा!

फिर उसे देखकर ही नहीं रह जाना है, उसे देखकर अपने अंतरतम में प्रविष्ट कराना है। उसे सूझना है, बूझना है। तो जो दिखाई पड़ जाए उतने से ही काम हल नहीं हो जाता। जो झलक मिल जाए, वह हमारी आत्म-अवस्था में सम्मिलित हो जानी चाहिए। जो झलक मिले, वह बिजली की कौंध जैसी न हो कि आई और गई—हमारे भीतर जलते हुए एक शाश्वत दीये की भांति हो, जिसका प्रकाश बना ही रहे, बना ही रहे।

अदिसिटि राषिबा चीया!

वह जो अदृश्य है उसमें चित्त को डुबाना है। और अपने चित्त में अदृश्य को सम्हालना है।

पाताल की गंगा ब्रह्मंड चढ़ाइबा!

और वह जो ऊर्जा की गंगा है, जो नीचे की तरफ बही जा रही है—वासना में, कामना में, महत्वाकांक्षा में; जो संसार की तरफ प्रवाहित है...।

पाताल की गंगा ब्रह्मंड चढ़ाइबा!

वह जो नीचे की तरफ जा रही है—पाताल की तरफ, नर्क की तरफ—उसे ऊपर की तरफ ले जाना है, उसे ऊर्ध्वगमन देना है।

तहां बिमल-बिमल जल पीया!

और एक बार तुम चढ़ने लगे ऊपर की तरफ, ऊर्ध्वगामी हुए, ऊर्ध्वरितस, तो फिर खूब विमल रस, फिर अमृतरस को पीयो। परमात्मा को बैठ जाने दो हृदय में, तुम बैठ जाओ परमात्मा के हृदय में, फिर पीयो खूब अमृतरस!

परमात्मा हृदय में बैठता ही तब है जब चित्त खूब निस्तरंग होता है।

ऐसा ही समझो झील है, पूर्णिमा की रात है, आकाश में बड़ा प्यारा चांद है, बड़ा सुंदर समा है; लेकिन झील तरंगित है तो चांद का प्रतिबिंब झील में नहीं बैठ पाता, टूट-टूट जाता है, बिखर-बिखर जाता है, बनाओ-बनाओ और बिखर जाता है। पूरे झील पर चांद के टुकड़े-टुकड़े फैल जाते हैं। चांदी फैल जाती है झील पर, मगर चांद का प्रतिबिंब नहीं बन पाता। फिर झील शांत हो गई,

हवाएं अब नहीं बहतीं, अब सन्नाटा है, अब झील ध्यानमग्न हो गई, अब झील समाधिस्थ हो गई—अब चांद का प्रतिबिंब नहीं बनता है। अब चांद पूरा का पूरा झील में बैठ गया।

ऐसी ही घटना घटती है। परमात्मा तो चारों तरफ मौजूद है। पूर्णिमा तो है ही, क्योंकि परमात्मा एक क्षण को भी अनुपस्थित नहीं हो रहा है। पूरा चांद निकला ही हुआ है, सिर्फ तुम्हारे चित्त की झील तरंगित है। तो तुम्हारे भीतर महात्मा का प्रतिबिंब नहीं बन पाता, तुम उसे अपने भीतर नहीं सम्हाल पाते। वह तुम्हारे गर्भ में प्रविष्ट नहीं हो पाता, तुम उसे अपने भीतर नहीं सम्हाल पाते। वह तुम्हारे गर्भ में प्रविष्ट नहीं हो पाता; टूट-टूट जाता है, बिखर-बिखर जाता है; पारे की तरह छिटक-छिटक जाता है। जितनी मुट्ठी बांधते हो उतनी मुश्किल होती जाती है।

भाव की अवस्था का अर्थ होता है : चित्त निर्मल हुआ, शांत हुआ। अब नहीं बहतीं वासना की तरंगें। अब न कुछ पाना है, न कुछ होना है। बैठे रहे चुप मौन . . .। इस विश्राम की अवस्था में तत्क्षण जो मौजूद था वह भीतर झलकने लगता है। चांद बाहर ही नहीं होता फिर, चांद भीतर भी आ जाता है। और तब पीयो खूब . . . बिमल-बिमल रस पीया!

इहां ही आछै, इहां ही अलोप। इहां ही रचिलै तीन त्रिलोक।
आछै संगै रहै जूवा। ता कारणि अनंत सिधा जोगेश्वर हुवा।

गोरख कहते हैं कि अनंत साधकों ने, खोजनेवालों ने इस तरह सिद्धि पाई। इस तरह सिद्ध योगेश्वर हुए। किस तरह? इहां ही आछे, इहां ही अलोप! जिसे तुम खोज रहे हो वह यहीं छिपा है। कहां जाते हो?

इहां ही आछे, इहां ही अलोप!

जिसे तुम खोजने दूर-दूर की यात्रा करते हो, काशी और कैलाश, कुरान और पुराण . . . और जिसको तुम पत्थरों में पूजते हो और शब्दों में तलाशते हो, वह बिलकुल यहीं मौजूद है, अभी तुम्हारी श्वास-श्वास में, तुम्हारी आंख के सामने है। तुम कहीं भी आंख फेरो, वहीं मौजूद है। इहां ही आछे इहां ही अलोप। यहीं मौजूद है और यहीं छिपा है। और छिपा है, इसका यह अर्थ नहीं है कि तुमसे छिपने की कोशिश कर रहा है। छिपा है इसलिए, अलोप है इसलिए, क्योंकि तुम्हारी आंखों पर विचार का परदा पड़ा है। तुम अपने विचारों से भरे हो, देखने की सुविधा कहां है? तुम तरंगायित हो।

इहां ही रचिलै तीन त्रिलोक!

कहां की तुम बातें कर रहे हो और कहीं आगे कोई लोक है? यहीं तीनों लोक हैं। नर्क भी यहीं है, पृथ्वी भी यहीं, स्वर्ग भी यहीं। सब तुम्हारी दृष्टि की बात है। इधर दृष्टि बदली कि उधर सृष्टि बदली।

जो आदमी विचार में जी रहा है, वह नर्क में जी रहा है। जो आदमी भाव में जी रहा है, वह स्वर्ग में जी रहा है। जो दोनों के मध्य में अटका है, वह पृथ्वी पर।

इस पृथ्वी पर अधिक लोग नर्क में जी रहे हैं। तुम यह मत सोचो कि नर्क कहीं पाताल में है। भूलो पुरानी व्यर्थ की बकवासें। अगर खोदते चले जाओगे जमीन को तो पाताल में तो अमरीका है,

नर्क नहीं है। और अमरीका के भी लोग यही सोचते हैं कि नीचे। तुम हो नीचे!—यह पुण्यभूमि भारत! अगर अमरीका खोदता ही चला जाए तो यहां निकल आएंगे, पूना में। तुमको पाकर बड़े हैरान होंगे। 'शैतान इत्यादि कहां हैं, आग जल रही है, कड़ाहे कहां हैं?'

जमीन गोल है। नीचे यही पृथ्वी है। इसलिए नीचे-ऊपर की भाषा को प्रतीक समझो। नीचे का अर्थ जमीन के नीचे नहीं है। और ऊपर का अर्थ आकाश में मत देखने लगो। नीचे का अर्थ है विचार। ऊपर का अर्थ है भाव। नीचे का अर्थ है विक्षिप्तता। ऊपर का अर्थ है विमुक्तता। और दोनों के मध्य में पृथ्वी है।

जो लोग नर्क में जी रहे हैं वे दुःख पा रहे हैं, बहुत दुःख पा रहे हैं; अभी पा रहे हैं, इसी क्षण पा रहे हैं! करो क्रोध और तुम नर्क में प्रविष्ट हो गए...। जलने लगी आग। किस आग का विचार कर रहे हो, और कौन-से कड़ाहे चाहिए? क्रोध जितना गला देता है और जितना जला देता है, और क्या जलाएगा? होने लगे दग्ध, डूबने लगे जहर में। कड़वाहट फैलने लगी प्राणों पर। और करो प्रेम, करुणा और उठने लगे ऊपर; ऊर्ध्वगमन शुरू हुआ, खुले द्वार स्वर्ग के।

आकाश में नहीं है स्वर्ग! ऊपर कहते हैं इसलिए कि वह ऊपर की अवस्था है, तुम्हारी चेतना की ऊपरी से ऊपरी अवस्था का नाम है। भाव तुम्हारी श्रेष्ठतम अवस्था है—तुम्हारे भीतर का गौरीशंकर! लेकिन लोग सोचते हैं कि गौरीशंकर पर कुछ है। इसलिए कैलाश पर तीर्थ बन गया है। तीर्थ तुम्हारे भीतर है, तुम्हारे भीतर कैलाश। तुम्हारी चेतना जब परम शांत होती है तो गौरीशंकर बन जाती है। ऊंचे से ऊंचा हिमालय भी तुमसे नीचे पड़ जाता है। तुम उड़ने लगे आकाश में, तुम आकाश हो गए! और जब तुम नीचे गिरते हो तो नर्क हो जाते हो। दोनों के मध्य में पृथ्वी है।

अधिकतम लोग नर्क में जी रहे हैं, बहुत थोड़े-से लोग पृथ्वी पर जी रहे हैं, और बहुत विरले लोग स्वर्ग का अनुभव कर रहे हैं। और सब अभी है यहीं है। गोरख का वचन बहुत अदभुत है:

इहां ही रचिलै तीन त्रिलोक!

रच लो यहीं, जो तुम्हें करना हो, जो भी तुम्हें बनाना हो, जहां भी जीना हो; यह तुम्हारे जीवन की शैली पर निर्भर है।

आछै संगै रहै जूवा!

यहीं तुम्हारे भीतर, तुम्हारे शून्य में सब छिपा है। तुम्हारे सहस्त्रहार में सब छिपा है। यहीं आलोकों का आलोक छिपा है, प्रकाशों का प्रकाश! इसी शून्य में परमात्मा विराजमान है। इसमें जो डूबा, वह सिद्ध हुआ, योगेश्वर हुआ।

आछै संगै रहै जूवा!
अपने भीतर के शून्य से सबध बना लो।
ता कारणि अनंत सिधा जोगेश्वर हूवा।

और उतने ही कारण से, बस उतने ही कारण से, अपने शून्य से संबंध बना लेने से, अनेक-अनेक लोग योग की परम अवस्था—निर्विकल्प समाधि को—उपलब्ध हो गए हैं। भक्त उसी को भाव-समाधि कहते हैं।

दूसरा प्रश्न : मैं प्रभु से कुछ मांगना चाहता हूं, क्या मांगूं?

मांग की बात शोभा की बात नहीं। प्रभु के द्वार पर भिखमंगे होकर मत जाना। बिन मांगे मोती मिलें, मांगे मिले न चून। और ऐसा नहीं है कि नहीं मिलेगा; मगर नहीं मांगनेवाले को मिलता है। मांगनेवाले लौटा दिए जाते हैं। मंगनों का कौन स्वागत करता है? परमात्मा के द्वार के पहरेदार कह देते हैं—आगे बढ़ो! मांगने वालों से लोग परेशान हैं।

एक यहूदी मरा, जिंदगी-भर प्रार्थना में ही समय बिताया। खूब चिल्ला-चिल्लाकर प्रार्थना करता था सिनेगाग में जाकर। रात सोता तो भी चिल्लाकर प्रार्थना करता। नींद खुल जाती बीच में तो भी चिल्लाकर प्रार्थना करता—सुन ले परमात्मा! उसके सामने ही एक नास्तिक था, जिसने कभी प्रार्थना न की और कभी मंदिर न गया। सोचता था यहूदी दिल में—धार्मिक था, सोचता था—कि बच्चू, कर लो दो-चार दिन मजा और फिर पड़ोगे नर्क में, फिर भुगतोगे। और प्रसन्न होता था, कि हम होंगे स्वर्ग में; इतनी की है प्रार्थनाएं, इतना पुण्य कमाया है। तुम पड़े होओगे नर्क में। अभी कर लो चार दिन मजा-मौज, बजा लो खूब बांसुरी; मगर यह चार दिन की चांदनी है, फिर अंधेरी रात।

ऐसा मन ही मन में सोचता, और और जोर से प्रार्थना करता। प्रार्थना में अपने लिए तो स्वर्ग मांगता ही था, साथ में सामने रहनेवाले नास्तिक के लिए नर्क भी मांगता था। संयोग की बात, दोनों एक ही दिन मरे। देवता लेने आए, धार्मिक को नर्क की तरफ ले चले। वह बहुत चिल्लाया कि यह क्या कर रहे हो? और अधार्मिक को स्वर्ग की तरफ ले चले। उसने कहा यह अन्याय हो रहा है। जिंदगी भर मेरे साथ अन्याय हुआ और अब भी अन्याय हो रहा है। तब भी मैं परेशान रहा, मगर मैंने सब तरह से धीरज रखा कि कोई बात नहीं, झेल लें, चार दिन की परेशानी है, फिर तो स्वर्ग है। और इस भोगी को तुम स्वर्ग ले जा रहे हो! जरूर कुछ भूल-चूक हो गई है। आज्ञा लाए होओगे मुझे स्वर्ग ले जाने की, तुम्हारी चिट्ठी तो देखें! ले चले उसे, कुछ भूल हो रही है तुमसे।

मगर उन्होंने कहा कि जरूर ले चलो, वहां निर्णय हो जाएगा। परमात्मा के सामने जाकर उसने फिर चिल्लाया, पुरानी आदत थी। परमात्मा ने कहा : अब तो मैं तुम्हारे सामने हूं, अब क्यों चिल्ला रहे हो? क्या चाहते हो?

उसने कहा : कुछ भूल हो गई है, ले जाना है मुझे स्वर्ग में और ले जा रहे है इस दुष्ट को। और यह तो भोगी है। और यह तो जिंदगी-भर गलत काम करता रहा। प्रार्थना इसने कभी की नहीं; मैं सदा प्रार्थना करता रहा, मुझे नर्क क्यों ले जाया जा रहा है?

परमात्मा ने कहा : तेरी प्रार्थनाओं के कारण। तू मेरा सिर खा गया। अब तुझे यहा स्वर्ग में बसाकर और अपनी जान की मुसीबत लेनी है, बला लेनी है? तेरी प्रार्थनाओं का यह फल है। इस आदमी को बसा रहा हूं इसलिए कि यह बांसुरी बजाता है, राग-रग मे रहता है; इससे स्वर्ग मे थोड़ी-सी रौनक आएगी। तेरे बसाने से तो रौनक आएगी नहीं; थोड़ी-बहुत है, वह भी चली जाएगी।

तुम मांगोगे प्रभु से कुछ तो क्या मांगोगे? कुछ क्षुद्र ही मांगोगे। अच्छा तो हो कि न मागो। अगर न मांगने की क्षमता जुटा सको तो श्रेष्ठतम है। अगर मांगना ही हो तो सिर्फ प्रभु को मागो और

कुछ न मांगो। नंबर दो की बात है यह। मन माने ही नहीं, मन को आदत ही मांगने की पड़ गई हो, बिना मांगे चित्त राजी ही न हो, कांटा चुभता रहे, तो फिर प्रभु को ही मांग लो।

रहीम ने कहा है—

कहा करौं बैकुंठ लै, कल्पवृक्ष छांह।
रहिमन ढाक सुहावनो, जो गल प्रीतम बांह।।

क्या करूंगा लेकर तुम्हारा बैकुंठ? और क्या करूंगा कल्पवृक्ष की छांह?

रहिमन ढाक सुहावनो!

यह ढाक का कुरूप-सा वृक्ष भी खूब सुहावना है; बस एक काम हो जाए—

जो गल प्रीतम बांह!

तुम्हारे गले में मेरा हाथ हो, मेरे गले में तुम्हारा हाथ हो, फिर इसी ढाक के नीचे स्वर्ग बस गया। फिर क्या करोगे कल्पवृक्ष और बैकुंठ का? फिर यहीं बैकुंठ है!

तो अगर मांगना ही हो तो उसे मांगो; बस उससे ज्यादा कुछ न मांगना। अगर मांगना ही हो तो इतना मांगो कि मुझ अपात्र को स्वीकार कर लो। अगर मांगना ही हो तो इतना ही कि मुझे शरण दे दो, कि मेरा समर्पण स्वीकार हो, अस्वीकार न हो। जैसे प्रेमी प्रेयसी से मांगता है, या प्रेयसी प्रेमी से मांगती है।

परमात्मा के द्वार पर प्रेमी की तरह जाओ, भिखमंगे की तरह नहीं।

मानिनी सब कुछ निछावर चरण पर तेरे—
वरण कर पुण्यतम क्षण है!

खोल दे निज नयन-पाटल
युग-युगों से स्निग्ध उर-तल,
वेदना बन जाए यमुना—
एक सुधि की सांस से गल;

रागिनी, सुर-लय निछावर भजन पर तेरे—
ध्वनन कर पुण्यतम क्षण है!
वरण कर पुण्यतम क्षण है!

आज बंदी-सा बना है
धड़कनों की आह का स्वर
अधर का संगीत खोया—

कहरती-सी है लहर;

मानिनी, मन-प्राण नूपुर-झनन पर तेरे—
किरण कर पुण्यतम क्षण है!
वरण कर पुण्यतम क्षण है!

आज स्वप्निल-सा पुरातन
एक अभिनव मधुर नूतन,
विगत-आगत सब लिए—
थिरकन-भरे तेरे सुकंकण;

रंगिनी, मृदु नेह अर्पित मिलन पर तेरे—
सृजन कर पुण्यतम क्षण है!
मानिनी, सब कुछ निछावर चरण पर तेरे—
वरण कर पुण्यतम क्षण है!

जैसे कोई प्रेमी अपनी प्रेयसी के चरणों पर सब रख दे, जैसे कोई प्रेयसी अपने प्रेमी के चरणों पर सब रख दे—ऐसा परमात्मा से संबंध जोड़ो! लेने-देने का नहीं, दांव-पेंच का नहीं, आकांक्षाओं, अभीप्साओं का नहीं।

मांगो मत, मांगने से प्रार्थना गंदी हो जाती है। प्रार्थना को मुक्त रहने दो। मांग से मुक्त, तो ही प्रार्थना आकाश में उड़ पाती है; नहीं तो मांग के पत्थर भारी हो जाते हैं। प्रार्थना को पृथ्वी पर ही गिरा देते हैं; आकाश तक नहीं उठ पाती। मांगोगे क्या? तुम्हारा मन ही तो मांगेगा न! मन से मुक्त होना है। उसकी मांग की पूर्ति चाहोगे तो मन से मुक्त होओगे? मांगोगे क्या? मांग भी तो एक विचार है न? विचार के ही बाहर जाना है और विचार की ही पूर्ति मांगोगे, तो बाहर कैसे जाओगे?

मांगो मत, मौन हो जाओ। उसके सामने मौन निवेदन पर्याप्त है। बह जाओ उसके चरणों में गंगाजल जैसे। धो दो उसके चरण अपने जीवन से, बस इतना काफी है। और मिलता है बहुत, बिन मांगे मिलता है। मै यह नहीं कह रहा हूं कि मिलता नहीं; मगर मिलता उसी को है जो मांगता नहीं। मांगनेवाले को नहीं मिलता। मांगनेवाला अपनी मांग के कारण ही अड़चन खड़ी कर देता है।

फिर भी, न सम्हाल सको तो मैं कहता हूं कुछ मांग लेना—परमात्मा को मांग लेना। या कुछ... परमात्मा को मांगने की आकांक्षा ही न जगती हो, क्योंकि बहुत मुश्किल से परमात्मा को मांगने की आकांक्षा जगती है। वह तो उसके भीतर प्रेम जग आया है, वह परमात्मा को मांग सकता है। मगर अधिक लोगों के भीतर प्रेम ही नहीं है; वे धन मांग सकते हैं, पद मांग सकते हैं, प्रतिष्ठा मांग सकते हैं, इस तरह की बातें। लंबी उम्र मांग सकते हैं, स्वास्थ्य मांग सकते हैं; इस तरह की चीजें ही मांग सकते हैं।

अगर तुम्हारे भीतर प्रेम हो तो परमात्मा को मांग लेना; अगर ध्यान हो तो कुछ मांगना ही मत। ध्यान तो ऊंचे से ऊंचा शिखर है : कुछ मांगना ही मत। चुप रह जाना—मौन, अवाक, उसके समक्ष आश्चर्यविमुग्ध, रहस्यलीन, लवलीन, तल्लीन...। मिलेगा बहुत, पूरा परमात्मा बरस पड़ेगा तुम पर। उसके आशीष ही आशीष फूलों की तरह तुम्हें लबालब भर देंगे। लेकिन अगर मौन रहने की क्षमता अभी न हो और कुछ न कुछ तरंग उठती ही हो तो फिर परमात्मा को मांगना; वह प्रेमी की तरंग है। वह नंबर दो है। और अगर अभी प्रेमी भी न जगा हो तो फिर तीसरा सुझाव है :

मुस्कुराता हुआ दीप मैं बन सकूं
स्नेह इतना हृदय में भरो आज तुम!
मोतियों से न रीती रहे आंख यह
रागिनी कंठ में खो न जाए कहीं
भय मुझे है तिमिर की घनी छांह में
ज्योति धुंधली स्वयं हो न जाए कहीं,
जिंदगी में खिंची है परिधि मौत की
डगमगाता हुआ हर कदम चल रहा,
एक पल की मनुज की हंसी को यहां
डबडबाता हुआ हर नयन छल रहा,
चांदनी-सा मधुर हास बिखरा सकूं,
प्राण! उल्लास इतना भरो आज तुम!
मुस्कुराता हुआ दीप मैं बन सकूं
स्नेह इतना हृदय में भरो आज तुम!

फूल कुछ झर रहे हैं धरा पर अरे
नव कली का न घूंघट हटाओ अभी,
हंस सकें साथ ही मुस्कुरा घूमकर;
डाल के फूल यों मुस्कुराओ अभी;
आवरण रश्मि का फूल पर डाल दो
नव कली के नयन मुस्कुरा तो सकें,
हो नए राग का ही सृजन कुछ घड़ी
मुक्त मन से अधर गुनगुना तो सकें;
मैं गरल पी सकूं गीत गा-गा यहां
जीभ पर बूंद मधु की धरो आज तुम!
मुस्कुराता हुआ दीप मैं बन सकूं,

मैं गरल पी सकूं गीत गा-गा यहां
जीभ पर बूंद मधु की धरो आज तुम!

इससे नीचे मत गिरना। इससे नीचे गए तो प्रार्थना बिलकुल ही भ्रष्ट हो गई, प्रार्थना ही न रही।

तीसरा प्रश्न : गोरखनाथ पंडितों के खिलाफ क्यों हैं?

और क्या करें? पंडित का अर्थ होता है : पढ़ा-लिखा तोता। राम-नाम जप लेता है तोता, इससे राम-नाम उसके हृदय में थोड़े ही होता है। गीता भी दोहरा सकता है, गायत्री भी पढ़ सकता है, कुरान की आयत भी कंठस्थ कर सकता है; लेकिन इससे उसका प्राण थोड़े ही भीगता है। पत्थर की तरह पड़ा रहेगा नदी में, मगर भीगेगा थोड़ी ही। तोता राम-राम भी जपे तो तुम सोचते हो उसके प्राण मे राम-नाम है।

ऐसी ही दशा पंडित की है। पंडित खुद धोखा खा रहा है, दूसरों को धोखा दे रहा है। अनुभव तो कुछ नहीं हुआ। प्राणों में कोई स्वाद नहीं उतरा, कोई मधु-बूंद नहीं भरी, कोई फूल नहीं खिला, लेकिन उधार बातें कंठस्थ हो गई हैं, उन्हें दोहरा रहा है। और दोहरा कर अकड़ रहा है।

गोरखनाथ ने ही विरोध नहीं किया है, समस्त ज्ञानियों ने विरोध किया है; क्योंकि पांडित्य ज्ञान का दुश्मन है; पांडित्य ज्ञान का धोखा है, प्रवंचना है, विडंबना है। पांडित्य से कोई ज्ञानी नही होता, सिर्फ अज्ञान ढंक जाता है, अज्ञान मिटता नहीं। जैसे दीये की बात करने से अंधेरा नहीं मिटता, ऐसे ही ब्रह्म की चर्चा से कोई अंतरज्योति नहीं जग जाती। न तो भोजन की चर्चा से भूख मिटती है; भोजन से मिटती है। और पंडित चर्चा में ही लीन हो गया है। और भूल ही गया है कि भोजन पकाना भी है। पांडित पाकशास्त्रों को ढोता रहता है। हजार पाकशास्त्र रखे हों तो भी एक रूखी-सूखी रोटी से उनका ज्यादा मूल्य नहीं है, कम ही मूल्य है, क्योंकि रूखी-सूखी रोटी पेट भरेगी, मांस-मज्जा बनेगी। संतों की वाणी चाहे उतनी अलकृत न हो; नहीं है, गोरख की भी वाणी बहुत अलंकृत नही है; सीधे-सादे दो टूक शब्द है, साफ-सुथरे हैं, आभूषणों से लदे नहीं हैं। शायद पंडित की भाषा ज्यादा परिमार्जित हो, सुसस्कृत हो। संस्कृत शब्द का अर्थ ही होता है परिमार्जित।

तुम यह जानकर हैरान होओगे कि बुद्ध लोकभाषा में बोले। महावीर लोकभाषा में बोले। गोरख लोकभाषा में बोले। कबीर, नानक, दादू लोकभाषा में बोले। किसी ने सस्कृत का उपयोग नहीं किया। कारण? कारण साफ है। सस्कृत अब सिर्फ पंडितों की भाषा रह गई थी। अब सस्कृत लोगों के जीवन से संबंधित ही नहीं थी। अब तो पंडित चालबाजी के कारण सस्कृत का उपयोग कर रहा था। चालबाजी क्या है?—उस भाषा का उपयोग करो, जिसको लोग न समझते हो। तुम जब ऐसी भाषा का उपयोग करोगे जिसे लोग नहीं समझते, तो लोगों को कभी पता नही चलेगा कि तुम जानते भी हो कि नहीं। तुम ऊलजलूल बकते रहो, तुम व्यर्थ की बकवास करते रहो, और लोग बड़ी श्रद्धा से सुनेंगे। उनकी समझ में नहीं आ रहा है। और जब लोगों की समझ में नहीं आता तो वे सोचते हैं : जरूर कोई गहन-गंभीर बात कही जा रही होगी, इसलिए समझ नहीं आ रही।

सत्य सीधा-साफ होता है; सीधा, अत्यंत सीधा होता है, एकदम समझ में आ जाता है। सत्य को समझने के लिए बहुत दाव-पेंच नहीं लगाने पडते। असत्य बहुत जटिल होता है। तुम देखते हो न, डाक्टर से दवा लिखवाने जाते हो तो वह हिंदी या मराठी में, या अंग्रेजी में नहीं लिखता; वह लैटिन और ग्रीक में लिखता है नाम दवा के। लैटिन और ग्रीक में लिखने के कारण हैं कि तुम्हारी समझ में नहीं आता। और डाक्टर की लिखावट देखी है? वह ऐसी लिखता है कि दोबारा उसको खुद भी पढ़ना पड़े तो अटक जाए।

मुल्ला नसरुद्दीन अपने गांव में अकेला पढ़ा-लिखा आदमी है। एक ग्रामीण उससे पत्र लिखवाने आया। मुल्ला ने कहा कि नहीं लिख सकूंगा, आज नहीं लिख सकूंगा, कम-से-कम आठ दिन नहीं लिख सकूंगा। मेरे अंगूठे में बहुत दर्द है, पैर के अंगूठे में बहुत दर्द है।

उस आदमी ने कहा : मुल्ला, होश की बातें करो। पैर के अंगूठे की जरूरत ही क्या है? पत्र हाथ से लिखना है।

मुल्ला ने कहा : तुम समझते ही नहीं तो बीच में मत बोलो। लिख तो मैं दूंगा, फिर पढ़ने कौन जाएगा? मेरा लिखा मैं ही पढ़ सकता हूं, और कभी-कभी तो मैं ही अटक जाता हूं। ऐसा भी हुआ एक दिन एक आदमी पत्र लिखवाने आया...।

अब यह बड़े मजे की बात हुई, पहले पत्र लिख देगा, पत्र जाएगा, फिर दूसरे दिन गांव पढ़ने जाएगा उसे, क्योंकि दूसरा कोई पढ़ नहीं सकता। एक आदमी पत्र लिखवा रहा था। सारा पत्र लिखवाने के बाद...अपनी प्रेयसी को पत्र लिखवा रहा था...लंबा पत्र लिखवाने के बाद उसने कहा कि नसरुद्दीन, अब एक बार पूरा पढ़ दो कि मेरा दिल तृप्त हो जाए कि जो लिखवाना था लिखवा दिया।

नसरुद्दीन ने कहा : यह मुसीबत की बात है। उसने कहा : क्यों क्या हर्जा है पढ़ने में? नसरुद्दीन ने कहा : पहली तो बात यह है कि पत्र मेरे नाम नहीं लिखा गया तो मैं कैसे पढ़ सकता हूं? ग्रामीण ने कहा : यह बात तो कानून की है। यह बात जंचती है। हां, ठीक कह रहे हो कि पत्र तो तुम्हारे नाम लिखा ही नहीं है तो तुम पढ़ कैसे सकते हो।

मुल्ला ने कहा : समझे! एक तो पत्र मेरे नाम नहीं लिखा गया है। और फिर हम क्यों फिक्र करें, यह तो उनकी चिंता है जिनके नाम लिखा गया है, अब वे समझें; पढ़ सकें पढ़ें, न पढ़ सकें न पढ़ें।

डाक्टर लिखता है लैटिन और ग्रीक में और वह भी इस तरह लिखता है कि पढ़ा न जा सके।

मैंने सुना है, एक डाक्टर ने अपने मरीज को निमत्रण भेजा कि मेरी लड़की का विवाह है कल सांझ भोजन पर आमंत्रित हों। उसने पत्र देखा, वह समझा कि कोई प्रस्क्रिप्शन भेजा है डाक्टर ने। वह गया केमिस्ट की दूकान पर और केमिस्ट ने जल्दी से मिक्श्चर भी बनाकर दे दिया। वह दो दिन मिक्श्चर पीया; तब डाक्टर का फोन आया कि भाई तुम आए नहीं, लड़की की शादी भी हो गई, मैंने पत्र भेजा था। सब सारा राज खुला। केमिस्ट भी पढ़े या न पढ़े, जल्दी से मिक्श्चर तो बना ही देता है। वह लैटिन या ग्रीक में लिखने का कारण है; नहीं तो तुम केमिस्ट को जाकर पंद्रह रुपए नहीं चुकाओगे। समझो कि उस पर लिखा हो अजवाइन का सत्त, अब तुम पंद्रह रुपए नहीं चुका

सकते। अजवाइन का सत्त, तुम कहोगे चार पैसे का पंद्रह रुपए मांग रहे हो! लेकिन लैटिन में कोई बड़ा ही अपरिचित शब्द लिखा है, पंद्रह नहीं कोई पचास भी मांगे तो चुकाने पड़ेंगे। तुम्हें पता ही नहीं है कि अजवाइन का सत्त है।

संस्कृत उपयोग की जाती रही है पंडितों के द्वारा, ताकि लोग मूढ़ रखे जा सकें। ऐसा इसी देश में नहीं हुआ, पोप और पादरी लैटिन और ग्रीक का उपयोग करते रहे हैं—पुरानी भाषाओं का उपयोग, जो मर चुकी हैं, जिनमें अब कोई जीवन नहीं रह गया है, लोग जिन्हें जानते नहीं। संत तो सीधी-साधी बात बोलते हैं, लोकभाषा में बोलते हैं। तुम जो भाषा समझते हो, वही बोलते हैं। अपना अनुभव लोगों तक पहुचाते हैं तो वही भाषा बोलनी चाहिए, जो लोग समझते हैं; लेकिन जिनके पास अनुभव नहीं है, पहुंचाने को कुछ है ही नहीं, उनके लिए तो यही उचित है कि वे ऐसी भाषा बोलें कि कोई समझे न, समझ गए तो पकड़े जाएंगे।

पंडित उधार है, बासा है। उसने परमात्मा को स्वयं नहीं देखा है। हां, उसने शास्त्र पढ़े हैं जिनमें परमात्मा की चर्चा है। उसने तर्क किया है, विचार किया है, सोचा है; ध्याया नहीं, अनुभव नहीं किया है। इसलिए विरोध है। विरोध में कोई पंडित की दुश्मनी नहीं है, पंडित पर करुणा है। उसे भी चेतना है, उसे भी जगाना है।

गोरख का वचन है

पढ़ि देखि पंडिता, रहि देखि सारं। अपणीं करणीं उतरिबा पार।।

किसी पंडित से कह रहे हैं : पढ़ि देखि पंडिता। देख लिया पढ़-पढ़ कर, अब जरा करके देख ले।

रहि देखि सारं! अब जरा सार को रहकर भी देख ले। एक बात तुझसे कहे देता हू

अपणीं करणीं उतरिबा पार!

करेगा तो ही पार उतरेगा।

अपणीं करणीं उतरिबा पार!

ये किताबें डूब जाएंगी। ये कागज की नावें हैं; इनको लेकर सागर में मत उतर जाना। यह मत कहना कि हमने वेद से बनाई है यह नाव। यह काम नहीं आएगी; यह कागज की नाव है, यह डूब ही जाएगी। यह खुद भी डूबेगी, मुझे भी डुबाएगी। और खतरा यह है कि तू लोगों को समझा रहा है, उन सबको भी डुबाएगी। तू खुद अंधा है और सोचता है दूसरे अंधों को मार्ग दिखा रहा हू। अंधा-अंधा ठेलिया दोई कूप पडंत। वे दोनों कुएं में गिर गए हैं।

पढ़ि देखि पंडिता!

कहते हैं : देख तो चुका हू पढ़-पढ़ कर, मिला क्या, सार क्या पाया? अब रहि देखि सार। अब हमारी सुन। अब जरा जीवन में उतरने दे। अब जरा जीवन से जुड़ने दे। अब विचार ही विचार मत कर समाधि के संबंध में, क्योंकि समाधि के संबंध में विचार से क्या होगा; अब तो निर्विचार हो, समाधि को उतरने दे! रहि देखि सार!

अपणीं करणीं उतरिबा पारं!

और करेगा, उससे उतरेगा। जानेगा, उससे उतरेगा। उसी की नाव बनेगी जो पार ले जाएगी। और दूसरों की नावें काम नहीं आतीं। इस जगत में कोई उधार ज्ञान काम नहीं आता। उधार ज्ञान तो सिर्फ अज्ञान को ढांक लेता है।

बेद कतेब न पांखी वांणी। सब ढंकी तलि आणीं।
गगनि सिषर महि सबद प्रकास्या। तहं बूझै अलष बिनांणी।

गोरख कहते हैं : सत्य का, ब्रह्म का, ठीक-ठीक निर्वचन न वेद कर पाए, न किताबी धर्मों की किताबें कर पाईं—न कुरान, न बाइबिल, न कोई और। कोई वाणी नहीं कर पाई उसका निर्वचन। ये सब तो उसे उल्टे आच्छादन के नीचे ले आए। इन्होंने तो उसे छिपा लिया। इन्हीं किताबों में डूब गया, खो गया सत्य। ये तो उस पर आवरण बन गए हैं। इनके द्वारा सत्य का आविष्कार नही होता। इनके द्वारा सत्य का आविष्कार रुकता है, बाधा पड़ती है। वह तो शून्य समाधि में ही जाना सकता है। वहीं बूझो!

तहं बूझै अलख बिनांणी!

जो असली खोजी है ज्ञान का, जो असली विज्ञानी है, वह वहीं खोजता है—शून्य में, समाधि में।

गोरख कहते हैं :

कहिणी सुहेली, रहणि दुहेली, कहणि रहणि बिन थोथी।
पढ्या-गुंण्या सूआ बिलाई खाया, पंडित के हाथि रह गई पोथी।

कहणि सुहेली! कहना बहुत सरल है। रहणि दुहेली! रहना बहुत कठिन है।

कहणि रहणि बिन थोथी!

और जो तुम कहते हो बिना रहे, बिना जाए, बिना अनुभव से, वह बिलकुल थोथी बकवास है।

पढ्या-गुंण्या सूआ बिलाई खाया।

तुम क्या सोचते हो कि बिल्ली पढ़े-लिखे सुए को छोड़ देगी, इसीलिए कि राम-राम जप रहा है सुआ? कि छोड़ा भगत जी हैं, कि देखो कैसा राम-राम जप रहे हैं, कैसा राम-राम की चदरिया पहने बैठे हैं! छोड़ो भी, भगत को तो छोड़ो। लेकिन बिल्ली छोड़ेगी नहीं, बिल्ली जानती है कि जपते रहो राम-राम, पहने रहो चदरिया, इसमें क्या फर्क पड़ता है, हो तो तोते ही! बिल्ली छोड़ेगी नहीं।

पढ्या-गुंण्या सुआ बिलाई खाया।

बिल्ली तो पढ़े-लिखे सुए को भी खा जाती है। ऐसे ही मौत तुम्हें खा जाएगी। मौत बिल्ली की तरह आएगी और तुम पढ़े-लिखे तोते हो; इससे ज्यादा कुछ भी नहीं हो। तुम खाए जाओगे, मौत

तुम्हें छोड़ नहीं देगी।

पंडित के हाथ रह गई पोथी!

और जब बिल्ली हमला करेगी, मौत जब तुम्हारी गर्दन दबाएगी तब हाथ में सिर्फ पोथी रह जाएगी। बिलकुल थोथी, पंडित के हाथ रह गई पोथी। कुछ और नहीं रहेगा, सब भूल जाएगा: सब पढ़ा-लिखा व्यर्थ हो जाएगा। मौत जब हमला करती है तब तो जो जाना है वही काम आएगा। जिसने जाना है वह मौत को देखकर हंसेगा।

मंसूर हंसा था जोर से। लोगों ने पूछा कि हम तो तुम्हें मार रहे हैं, तुम हंसते क्यों हो? मंसूर ने कहा कि मैं इसलिए हंसता हूं कि तुम जिसे मार रहे हो वह मैं नहीं हूं; और मैं जो हूं तुम उसे छू भी नहीं सकते, मारना तो बहुत दूर है।

नैनं छिदंति शास्त्राणि, कृष्ण कहते हैं। न ही शस्त्र छेद सकते हैं उसे। नैनं दहति पावकः! और न आग उसे जला सकती है।

मंसूर ने कहा : इसलिए मैं हंस रहा हूं कि यह खूब मजा रहा! तुम कहते थे कि मारेंगे मंसूर तुम्हें, अब तुम मार किसी और को रहे हो; वह मैं हू नहीं। तुम मेरा हाथ काट रहे हो, हाथ मैं नहीं हूं। तुमने मेरे पैट काट दिए, पैर मैं नहीं हूं। अब तुम मेरी गर्दन भी काट दोगे, मैं तुमसे कहे जाता हूं मैं गर्दन नहीं हूं, मैं तो भीतर बैठा साक्षी हूं, इसको तुम कैसे काटोगे? कोई शास्त्र छेद नहीं सकता और कोई आग जला नहीं सकती।

यह अनुभव की बात है। पढ़ा-लिखा तोता यह नहीं कह सकता। पढ़ा-लिखा तोता तो गिड़गिड़ाने लगता है; भूल जाता है राम-नाम, बिल्ली की स्तुति गाने लगता है—कि माई छोड़, कि हो गई भूल, अब आज से तेरी ही पूजा-प्रार्थना करूंगा, कहां के राम-राम में पडा रहा!

कथणी कथै सो सिष बोलिए, वेद पढ़ै सो नाती।
रहणी रहै सो गुरु हमारा, हम रहता का साथी।।

कहते हैं गोरख : कथनी कथै सो सिष बोलिए!

जो सिर्फ सुनी-सुनाई बातें कह रहा है वह तो विद्यार्थी है: ज्ञानी नहीं है, ज्यादा से ज्यादा विद्यार्थी है; ठीक है, पढ़ रहा है, लिख रहा है।

कथणी कथै सो सिष बोलिए, वेद पढ़ै सो नाती।

और यह कथनी भी अगर उसने किसी गुरु से सुनी हो और बोल रहा हो, तो ही शिष्य है, तो विद्यार्थी का दर्जा है उसका। और अगर यह भी कुछ मरे गुरुओं की, किन्हीं पुरानी कब्रों को खोदकर वेदों में से निकाल लाया हो, तब तो शिष्य भी नहीं है; और भी गया-बीता है, तो और भी नीचे रखो उसको।

वेद पढ़ै सो नाती।

शिष्य तो बेटा है। शिष्य का मतलब कि जो सदगुरु के पास से सुनकर दोहरा रहा है। माना कि उसने अभी स्वय नहीं जाना है, लेकिन जाननेवाले स्रोत के निकट है; स्रोत से बहुत दूर नहीं है।

जैसे कोई गोरख के पास बैठकर सुने और दोहराए, तो गोरख कहते हैं यह विद्यार्थी है, यह मेरा बेटा है। यह आज नहीं कल मुझमें लीन हो जाएगा। स्रोत के पास है, छूट नहीं पाएगा, भाग नहीं पाएगा। चलो अभी दोहराता है दोहराने दो, धीरे-धीरे पकड़ में आ जाएगा। पहुंचा तो पकड़ लिया है, जल्दी हाथ में पकड़ लिया जाएगा। इसकी बुद्धि तो पकड़ में आ गई है, जल्दी ही इसका भाव भी पकड़ में आ जाएगा; हृदय पर भी हाथ पहुंच जाएंगे।

लेकिन जो वेद को दोहरा रहा हो, किताबों में से पढ़ रहा हो, सदगुरु के पास भी न हो, जीवंत गुरु के पास भी न हो, वह तो और भी गया-बीता है। वह तो बेटा भी नहीं; वह तो नाती समझो।

वेद पढ़ै सो नाती।

वह तो और दूर हो गया न! उससे नाता दूर हो गया।

रहणी रहै सो गुरु हमारा!

और गोरख कहते हैं : जो रह रहा है स्वयं, वह गुरु है। उसे तो हम गुरु-भाव से पूजते हैं।

रहणी रहै सो गुरु हमारा, हम रहता का साथी।

और हम तो उसके साथी हैं, उसके संगी हैं—जो जी रहा है सत्य को; जैसा है वैसा ही जी रहा है; जो नग्न सत्य को जी रहा है। फिर चाहे कितनी ही अड़चन हो, कितनी ही बाधा आए, सूली लगे कि सिंहासन मिले, अंतर नहीं उसे—सत्य को जी रहा है। निंदा आए, अपमान आए कि प्रशंसा, सफलता कि विफलता, कोई भेद नहीं पड़ता—जो सत्य को जीए जा रहा है।

हम रहता का साथी...।

रहता हमरा गुरु बोलिए, हम रहता का चेला।

मन मानै तो संगि फिरै, नहिंतर फिरै अकेला।।

गोरख स्वातंत्र्य के पक्षपाती हैं। वे कहते हैं : सहज भाव से जो घटे वही करना। अगर गुरु के पास रहने में आनंद आता हो सहज तो साथ रहना और अगर अकेले विचरण करने में आनंद आता हो तो अकेले विचरना, क्योंकि परमात्मा सब जगह मौजूद है। लेकिन सहज आनंद को मत खोना, उसको कसौटी समझना। जहां तुम सहज हो सको, वहीं होने में सार है।

रहता हमरा गुरु बोलिए, हम रहता का चेला।

यही भाव तुम्हारे भीतर रहे कि जो जी रहा है सत्य को वही हमारा गुरु हो। पंडित नहीं, कोई बुद्धपुरुष। बड़ी-बड़ी उपाधियों वाला नहीं, गहरी समाधि वाला।

रहता हमारा गुरु बोलिए, हम रहता का चेला।

यही भाव रहे कि हम उसके ही पास डूब जाएं, उसके ही चरणों में—जो जीता हो सत्य को।

मन मानै तो संगि फिरै...।

और फिर रस आए रहने में तो गुरु के साथ रहे। क्योंकि गुरु से जो स्वाद मिल गया है वह

छूटनेवाला नहीं है।

मन मानै तो संगि फिरै, नहिंतर फिरै अकेला।

कोई फिक्र नहीं है, अकेले घूमो फिर जगत में, एकाकी घूमो, कोई अंतर नहीं पड़ता। एक बार लेकिन किसी मूलस्रोत से स्वाद ले लो। तुम्हारे कंठ में कुछ बूंदें पड़ जाएं सत्य की, समाधि की थोड़ी-सी भनक आ जाए। थोड़ी-सी उस बांसुरी की टेर तुम्हें सुनाई पड़ जाए, फिर सब ठीक है। फिर अकेले रहो, सत्संग करो, गुरु के पास रहो कि दूर रहो, सब बराबर है। लेकिन एक बार जलते दीये के पास आना जरूरी है, ताकि तुम्हारी बुझी ज्योति जल जाए। फिर कोई सदा पास रहना आवश्यक भी नहीं है।

मन मानै तो संगि फिरै, नहिंतर फिरै अकेला।

ज्ञान मुक्ति है। ज्ञान स्वतंत्रता है। ज्ञान जीवंत अनुभव है। पांडित्य थोथी बातें हैं।

गोरख या ज्ञानियों का विरोध पंडितों से इसलिए नहीं है कि कोई दुश्मनी है; बल्कि इसलिए है कि वे खुद भी धोखा खा रहे हैं और दूसरों को भी धोखा दे रहे हैं। अनुकंपा के कारण है, ताकि दूसरे लोग जागें और पंडित भी जागें।

चौथा प्रश्न : एक ओर आप कहते हैं कि जो भी करो उसे समग्रता से करो और दूसरी ओर कहते हैं किसी चीज की अति मत करो, मध्य में रहो। क्या इस विरोधाभास को दूर करने की अनुकंपा करेंगे?

आनंद मैत्रेय! विरोधाभास नहीं है। थोड़ा 'समग्रता' शब्द पर विचार करो। कुछ और शब्द इस सिलसिले में सोचो—संतुलन, समाधि, समन्वय, सम्यकत्व, समता, संबोधि, समवेत, समग्रता। इन सब का जन्म हुआ है एक छोटी-सी धातु से—'सम'। सम का अर्थ होता है शांत। उसी से समता बनता है, उसी से समन्वय बनता है, उसी से संबोधि, उसी से समाधि। वही सम समग्रता में मौजूद है।

समग्रता अति पर नहीं होती, समग्रता कभी अति नहीं होती; क्योंकि सम अवस्था तो मध्य में ही होती है। तो जब मैं कहता हूं समग्रता से करो, तो मैं यह नहीं कह रहा हूं कि अतिपूर्वक करो। तुम्हें ऐसा खयाल आ सकता है। तुम्हें लगता है कि जब हम समग्रता से करेंगे तो अति हो जाएगी। अगर अति हो गई तो समग्रता से चूक गए। समग्रता से चूकने के दो उपाय हैं—बाएं जाओ या दाएं जाओ। दोनों ही स्थिति में समग्रता से चूक गए।

अब जैसे कि मैंने कहा कि भोजन समग्रता से करो और अति न हो; इन दोनों में विरोधाभास नहीं है। जो समग्रता से भोजन करेगा, वह ठीक उस वक्त रुक जाएगा जब शरीर कह देगा बस। और शरीर हमेशा मध्य में बस कह देता है। न तो भूख लगी हो तो शरीर कहेगा बस और न तुम अतिशय भरते जाओ तो शरीर चुप रहेगा, नहीं कहेगा बस। अगर तुम भूखे हो, शरीर कहेगा—थोड़ा और। अगर तुमने ज्यादा खाना शुरू कर दिया शरीर कहेगा—अब नहीं, अब और नहीं।

शरीर कभी अति नहीं करता, अति करता है मन। इस बात को समझने की कोशिश करो। इसलिए कोई पशु अति नहीं करता, नहीं तो पशुओं की क्या हालत होती! उनके पास तो कोई उपदेश देनेवाला नहीं है। उनको कोई महात्मा गांधी और अन्य महात्मा इत्यादि तो मिले हुए नहीं हैं कि देखो ज्यादा घास मत खा जाना, कि आज उपवास कर लो, आज एकादशी है। लेकिन कोई पशु तुमने देखा है ज्यादा खाते? जंगल में जाकर जरा गौर करो, कोई पशु तुम्हें दिखाई पड़ता है जिसको तुम कह सको कि यह ज्यादा खा गया है? कोई पशु ऐसा दिखाई पड़ता है जो उपवास कर रहा हो?

मन नहीं है तो अति नहीं है। पशु उतना ही लेता है जितना शरीर को जरूरी है; वही लेता है जो जरूरी है। तुम अपनी गाय को छोड़ दो घास से भरे मैदान में, वह वही घास चुन लेती है जो उसके शरीर को रास आती है। बाकी घास छोड़ देती है। तुम बकरी को छोड़ दो जंगल में, वह अपने काम की बात चुन लेती है, अपने काम की पत्तिया चुन लेती है, बाकी सब छोड़ देती है। कौन कह रहा है उसे कि इसी पत्ती को मत खा? हरी तो यह भी दिखाई पड़ती है। स्वाद इसमें भी हो सकता है, है ही, कुछ न कुछ स्वाद। लेकिन नहीं; जो उसके शरीर को रास पड़ता है, जो उसकी प्रकृति के अनुकूल है, जो उसकी प्रकृति को सम-अवस्था में रखता है, वही चुन लेती है। यह सहज हो रहा है। मन नहीं है वहां।

मन उपद्रव करता है। मन ही तुम्हें ज्यादा खिला देता है। क्योंकि मन कहता है कि हो जाए एक कचौड़ी और, स्वादिष्ट है। शरीर को सुनो तो पेट कह रहा है कि बस करो, अब कृपा करो, अब ज्यादा हो जाएगा। मगर शरीर की मन सुनने नहीं देता। और तुम्हें अक्सर समझाया गया है कि शरीर दुश्मन है। शरीर तुम्हारा दुश्मन नहीं, मन तुम्हारा दुश्मन है। और जिन्होंने तुम्हें समझाया है कि शरीर तुम्हारा दुश्मन है, उन्होंने बड़ी गलत बात समझा दी है। उनके कारण मन को तो तुमने मित्र मान लिया है, शरीर को दुश्मन मान लिया है। शरीर तो सहज प्राकृतिक है; मन में हैं सारे विकार, सारे उपद्रव। मन सुनता ही नहीं है। मन कहता है, स्वाद थोड़ा और ले लें, हो जाए थोड़ा और क्या फर्क पड़ता है, जरा तकलीफ होगी पेट को तो हो लेगी। पेट तो कह रहा है कि बस, लेकिन पेट की तुम सुनते नहीं हो। और तुम्हारे तथाकथित साधु पेट को गाली देते है।

समझो मन को! मन अति करवाता है। शरीर तो सदा ठीक समय पर जवाब दे देता है। वह तो एक इंच ऊपर नहीं जाने देगा, नीचे नहीं जाने देगा। लेकिन आदमी का मन बडा धोखेबाज है। मैंने अभी सुना है कि गंगा में पूर आया, किसी गांव में प्रांत के मुख्यमंत्री गए। उन्होंने इजीनियरों से कहा कि बात क्या है, हालत क्या है, खतरे के निशान को पानी छू रहा है! तो मुख्यमंत्री ने कहा कि 'भाई, खतरे के निशान को थोड़ा ऊपर क्यों नहीं कर देते? कम-से-कम खतरे का निशान तो न छुए।' जैसे कि खतरे के निशान को ऊंचा कर देने से तुम गंगा को धोखा दे लोगे, कि किसको धोखा दे रहे हो? मगर यही हो रहा है। मन यही कह रहा है। मन ऐसी ही मूढ़तापूर्ण बातें कर रहा है।

और मन तुमसे अति करवा देता है। वह कहता है, खतरे का निशान जरा ऊपर कर दो। मत सुनो शरीर की, शरीर में क्या रखा है, शरीर तो अंधा है, शरीर को बुद्धि क्या है? एक दिन ज्यादा खिला देता है मन, फिर दूसरे दिन तकलीफ होती है। मन कहता है अब उपवास करो—कि महीने में एक दिन तो उपवास करना ही चाहिए, कि सप्ताह में एक दिन तो उपवास स्वास्थ्य के लिए बहुत

अच्छा है। अब उपवास करो। शरीर तब भी कहता है कि भाई भूख लगी है भोजन लो; तब मन कहता है उपवास करो। धीरे-धीरे मन की ये उलटी-सीधी गतिविधियां शरीर की सूक्ष्म संवेदना को नष्ट कर देती है। फिर शरीर कुछ नहीं बोलता। जब उसकी सुनी नहीं जाती तो धीरे-धीरे मूक हो जाता है। इस मूक शरीर के साथ तुम अतियां कर लेते हो।

मनोवैज्ञानिकों ने प्रयोग किए हैं और हैरानी के निष्कर्ष हाथ आए हैं। मनोवैज्ञानिकों ने प्रयोग किए हैं कि छोटे बच्चों को अगर भोजन के पास बिठा दिया जाए तो तुम सोचते हो कि वे ज्यादा खा लेंगे। तुम गलत खयाल में हो, वे ज्यादा नहीं खाते। ज्यादा उनके मां-बाप खिला देते हैं—कि और खाओ, कि खाओ, थोड़े तगड़े-तगड़े होना है, कि थोड़े मस्त तो दिखो, यह क्या हालत है? जरा और खाओ! मां बैठी है छाती पर कि और खाओ, कि थोड़ा और। बच्चा किसी तरह रो रहा है, खा रहा है। तुम देखोगे कई बच्चों को रोते। उसका शरीर कह रहा है कि नहीं। उसका शरीर कह रहा है बाहर चलो, जरा कूदो, उछलो, वृक्षों पर चढ़ो। और उसको खिलाया जा रहा है। डाक्टर तो बता देते हैं कि हर तीन घंटे में बच्चे को दूध पिलाना है। बच्चा पीता ही नहीं है, और वह मुंह फेर-फेर लेता है; मगर मां है कि दूध पिला रही है, क्योंकि तीन घंटे हो गए। ये औसत नियम काम के नहीं हैं। जब बच्चे को भूख लगेगी, वह रोएगा, वह खुद खबर देगा। घड़ी देखने की कोई जरूरत नहीं है; बच्चे के पास अपने भीतर शरीर की घड़ी है। मगर उसकी घड़ी को तुम खराब किए दे रहे हो। और सब बच्चों को अलग-अलग भूख लगेगी। कोई चार घंटे में लगेगी, तो कोई को तीन घंटे में, किसी को दो घंटे में भी लगेगी। अब बड़ी अड़चन हो गई, एक नियम बना लिया—औसत नियम।

औसत नियम से सावधान रहना। औसत नियम ऐसा होता है जैसे यहां पांच सौ आदमी बैठे हों। हमने सबकी ऊंचाई निकाल ली और सब की ऊंचाई जोड़ ली, फिर उसमें पांच सौ का भाग दे दिया। समझो ऊंचाई आई चार फीट साढ़े तीन इंच—औसत ऊंचाई। अब यह चार फीट साढ़े तीन इंच का कोई भी नहीं होगा यहां, शायद ही कोई हो। क्योंकि इसमें कई छोटे बच्चे हैं जो दो ही फीट के हैं और कोई छह फीट के सज्जन हैं। मगर दोनों को मेल कर दो तो चार-चार फीट औसत ऊंचाई हो गई। चार फीट का कोई भी नहीं; न तो छह फीट वाला आदमी चार फीट का है न दो फीट वाला बच्चा चार फीट का है। मगर छह फीट वाले एक आदमी और दो फीट वालेबच्चे को जोड़ दिया, आठ फीट हो गए, दो का भाग दे दिया, चार फीट औसत आ गया। अब झंझट हुई, अब बच्चे को खींचो, चार फीट का करो, तब वह औसत होगा! अब छह फीट के आदमी को काटो, या कहो कि जरा पैर सिकोड़ो, कि जरा सिर को अंदर लो। कछुए की तरह अपने अंग अंदर करो, तुम जरा ज्यादा हो।

यूनान में कथा है प्रोक्रेस्टीज की। वह एक सम्राट था। वह बड़ा भयानक सम्राट था। उसके अपने हिसाब थे। बड़ा गणितज्ञ था प्रोक्रेस्टीज। वह गणित से जीता था। उसके घर का मेहमान होना, उससे लोग डरते थे। उसके घर कोई मेहमान नहीं होना चाहता था। क्योंकि उसके पास एक सोने का पलंग था—बहुमूल्य हीरे-जवाहरातों से जड़ा; उसी पर सुलाता था अपने मेहमानों को। और उसके साथ खतरा था कि अगर मेहमान लंबा हो तो वह काट देता उसके हाथ-पैर, क्योंकि पलंग तो कीमती है। पलंग तो बड़ा किया नहीं जा सकता, छोटा किया नहीं जा सकता, इतनी जल्दी हो भी

नहीं सकता। मगर मेहमान को तो छोटा-बड़ा किया जा सकता है। और अगर कोई छोटा होता पलंग से तो उसके दो पहलवान आकर उसको खींच-खींचकर लंबा करने की कोशिश करते! उसके घर कोई ठहरता नहीं था।

यह कहानी अर्थपूर्ण है। मगर यह सभी गणितज्ञों की कहानी है। सब बच्चों का भाग दे दिया, किसी को चार घंटे में भूख लगती है, किसी को तीन घंटे में, किसी को दो घंटे में, किसी को ढाई घंटे में, किसी को पौने तीन घंटे में। सब का भाग दे दिया, हिसाब निकाला, तीन घंटे में सबको भूख लगती है। अब बस तीन घंटे से बैठे हैं। बैठे हैं प्रोक्रेस्टीज! अब वह घड़ी देख रहे हैं कि तीन घंटे हो जाएं, दूध पिलाओ। उसको दो घंटे में लगती है, वह दो घंटे में रो रहा है, मगर अभी घड़ी में तीन घंटे नहीं हुए, रोते रहो बच्चू! तुम धीरे-धीरे उसके शरीर की सहज-संवेदना को नष्ट कर दोगे। धीरे-धीरे वह भी घड़ी देखने लगेगा कि कब भूख लगती है, क्योंकि घड़ी से भूख लगती है।

तुम्हारी हालत यही हो गई है। अगर तुम्हें बारह बजे रोज भोजन मिलता है, तुम देखते हो घड़ी में बारह बज गए कि भूख लग गई; भूख लगी हो कि न लगी हो। हो सकता है, घड़ी रात बंद हो गई हो। बारह उसमें बजे हों रात-भर से। अभी ग्यारह ही बजे हों, मगर घड़ी में बारह बजे देखकर एकदम भूख लग आती है। यह भूख झूठी है। इस झूठी भूख को सुनकर तुम जो भोजन कर रहे हो वह शरीर के साथ अत्याचार है। भूख तो लगेगी, उसको घड़ी देखने की जरूरत नहीं है; शरीर की अपनी भीतरी घड़ी है।

वैज्ञानिकों ने इस बात की खोज की है कि शरीर घड़ी से चल रहा है। उसी हिसाब से तो स्त्रियों को ठीक अट्ठाइस दिन में मासिक धर्म आ जाता है। शरीर के भीतर अपनी घड़ी है। उसी के अनुसार तुम्हें ठीक वक्त पर भूख लग जाती है। उसी के अनुसार तुम्हें ठीक वक्त पर नींद आ जाती है। उसी अनुसार इशारे मिल जाते हैं कि पेट भर गया, बस अब रुक जाओ। तुम अगर शरीर को मानकर चलो तो कभी अति नहीं होगी। न तुम ज्यादा खाओगे, न तुम कम खाओगे। और समग्रता होगी, आनद होगा। तुम जितना भी खाओगे उसमें पूरा आनंद होगा, तुम पूरे डूबकर उस स्वाद को लोगे, क्योंकि स्वाद भी परमात्मा है। अन्नं ब्रह्म! उसके साथ भी वही समादर, वही पूज्यभाव, वही पूजा जो मंदिर में होती है, अन्न के साथ भी होनी चाहिए, भोजन के साथ भी होनी चाहिए, जीवन की सारी प्रक्रियाओं में होनी चाहिए।

जब मैं तुम से कहता हूं कि समग्रता से जीयो तो मैं यह नहीं कह रहा हूं कि अति कर जाओ. मैं यही कह रहा हूं कि अगर समग्रता से जीना है तो सम को ध्यान में रखना होगा। और सम अनति है, मध्य है।

इसलिए समग्रता में जीना और अति न करना इसमें काई भी विरोध नहीं है। ये एक ही सिक्के के दो पहलू हैं।

पांचवां प्रश्न : विरह के संबंध में कुछ कहें।

विरह के संबंध में भी नहीं कहा जा सकता; विरह को अनुभव किया जा सकता है। क्योंकि

इसलिए समग्रता में जीना और अति न करना इसमें काई भी विरोध नहीं है। ये एक ही सिक्के के दो पहलू हैं।

पांचवां प्रश्न : विरह के संबंध में कुछ कहें।

विरह के संबंध में भी नहीं कहा जा सकता; विरह को अनुभव किया जा सकता है। क्योंकि विरह शब्दों में नहीं आता, आंसुओं में आता है। और विरह बोलता नहीं, कौन है, मूक है। विरह रोता है, विरह जागता है; विरह बोलता नहीं।

विरह के संबंध में कुछ भी कहा नहीं जा सकता, लेकिन जिसने भी प्रेम को जाना है वह विरह की अनुभूति से गुजरने लगेगा। तुम प्रेम को जानो, विरह तो उसके साथ आएगा। जितना गहन प्रेम होगा उतनी ही विरह-अवस्था गहरी हो जाएगी।

विरह का अर्थ यह होता है कि हमारा जो वास्तविक स्वरूप है, वही हम से चूक गया है, वही हमें मिल रहा है। जो हमारा केंद्र है वही हम से छिटक गया है, और हम परिधि पर घूम रहे हैं कोल्हू के बैल की तरह। हमें अपनी आत्मा का ही अनुभव नहीं हो रहा है। हम देखते तो हैं पदार्थ को, लेकिन परमात्मा हमें दिखाई नहीं पड़ रहा है। और वही मालिक है। मालिक खो गया है, नौकर-चाकर दिखाई पड़ रहे हैं। मंदिर की दीवालें समझ में आ रही हैं, मंदिर की मूर्ति पहचान में नहीं आती। लेकिन यह तो प्रेम जगेगा तब, तभी यह प्रतीति होनी शुरू होगी। प्रेम की पहली प्रतीति विरह है और प्रेम की अंतिम प्रतीति मिलन है। प्रेम पहले पीड़ा की तरह शुरू होता है और आनंद की तरह पूर्ण होता है। विरह होगा तो खोज शुरू होती है। विरह होगा तो मिलन की अभीप्सा लगती है। विरह का अर्थ है हमें जैसे होना चाहिए हम वैसे नहीं हैं; कुछ चूका-चूका है, कुछ खाली-खाली है।

इसे देखो, हर एक व्यक्ति खाली-खाली है। कौन है यहां भरा हुआ। कभी-कभी कोई गोरख, कोई कबीर, कोई नानक भरा हुआ है, बाकी लोग बिलकुल खाली-खाली हैं—खाली बर्तन। इसलिए तो खूब आवाज कर रहे हैं। खाली बर्तन को जैसे याद आ जाए भरेपन की। खाली बर्तन जैसे भरे बर्तन को देखकर इस अभीप्सा से भर जाए कि मैं कब भरूंगा! और बिना भरे कैसे शांति होगी, कैसे आनंद होगा? इस भरेपन की आकांक्षा से विरह का जन्म होता है।

वेदना मेरी अधर तक आ गई, कुछ कह न पाई!

कट गए हैं पंख, पंछी गिर गया नभ से धरा पर
कसकते हैं घाव, फिर भी कुछ नहीं लाया गिरा पर
तुम बताओ, क्या मरण की वेदना वरदान बनती
या अधूरी साथ निश्च्छल प्यार का अभिमान बनती
रागिनी खुर कर मलय में हंस गई, कुछ कह न पाई।

वेदना मेरी अधर तक आ गई, कुछ कह न पाई।
बज उठे हैं तार, कंपित राग हंसते मुग्ध मन से
खोल गोपन भाव रखती सामने भोले नयन से
लाज का घूंघट हटाकर झांकते प्यारे सपन-से
जो छिपे थे विस्मरण के कफन में बिखरे रुदन से
प्राण की कोकिल सिहरकर रह गई, कुछ कह न पाई
वेदना मेरी अधर तक आ गई, कुछ कह न पाई।

पर नशीले नयन-नभ में अश्रुओं के घन घुमड़ते।
साधना की सेज पर ये रात-दिन दुःख-सुख विहंसते।
कल्पाएं मिट गईं, पर आह भर पाई कभी ना
लुट गया सर्वस्व, फिर भी सांस कह पाई कभी नां
भोर की सुकुमार कालिका खिल गई कुछ कह न पाई!
वेदना मेरी अधर तक आ गई, कुछ कह न पाई!

विरह की वेदना बड़ी मौन वेदना है। और मौन होती है तभी तो गहरी हो पाती है। बोलने से तो बात उथली हो जाती है। न कहो तो बड़ी कीमती है; कह दो, दो कौड़ी की हो गई। कहते हैं न, बंधी मट्ठी लाख की और खुली तो खाक की। विरह चुपचुप रोता है, गुपचुप रोता है।

प्रार्थना बतानी नहीं होती। उसका कोई प्रदर्शन नहीं करना होता। उसकी कोई डुंडी नहीं पीटनी होती। इसलिए मंदिरों में जहां तुम घंटे बजाकर, शोरगुल मचाकर प्रार्थना शुरू कर देते हो, वहा विरह नहीं है; वहां सिर्फ एक आयोजन है, सिर्फ एक औपचारिकता निभा रहे हो। और तुमने खयाल किया, अगर दर्शक मौजूद हों मंदिर में तो प्रार्थना करनेवाला बड़ी देर तक प्रार्थना करता है, खूब जोर-जोर से प्रार्थना करता है। मंजीरे पीटता है, ढोल पीटता है। अगर कोई न हो, प्रार्थना करने वाला अकेला हो, जल्दी-जल्दी करके, कर-सुनकर किसी तरह पूरा करके भाग खड़ा होता है।

तुम प्रार्थना परमात्मा से कर रहे हो कि देखनेवालों को, कि दिखावे के लिए? तुम नाच रहे हो उसके सामने, या लोगों के सामने? अगर तुम्हारे मन में जरा भी रस है कि लोगों को पता चल जाए कि देखो मैं कैसी प्रार्थना कर रहा हूं, कैसी गहरी भक्ति में उतर रहा हूं, तो तुम प्रार्थना परमात्मा के सामने कहां कर रहे हो, तुम तमाशा कर रहे हो। तुम बाजार में खड़े हो। और तुम अहंकार को ही भर रहे हो।

विरह तो चुप-चाप रोता है, गुप-चुप रोता है। और जितना गुप-चुप रोए उतना ही गहरा और दूरगामी उसकी पहुंच होती है।

चांद तो घर आ गया है, और तुम जाने कहां हो?
एक दीपक ने दसों दीपक जलाए,

जिंदगी हर बार यूं ही चूकती है;
मधु मुझे नहला गया है, और तुम जाने कहां हो?
चांद तो घर आ गया है, और तुम जाने कहां हो?
कंठ में संगीत बैठा बुदबुदाता,
ओंठ पर आता न, पीछे लौट जाता;
पायलों में एक कंपन-सा विलय है,
आरती में दीप रह-रह झिलमिलाता;
रूप रस बरसा गया है, और तुम जाने कहां हो?
चांद तो घर आ गया है, और तुम जाने कहां हो?

परमात्मा की तलाश ऐसी उठती है जब हृदय में, जैसे कोई प्रेयसी को पुकारे कि सावन आ गया, कि मेघ घिर गए, कि कोयलें पुकारने लगीं, कि मोर नाच उठे—और तुम जाने कहां हो?... कि सब तरफ फूल भर गए, कि सब तरफ झूले तन गए, और सब तरफ राग-रंग उठ आया—और तुम जाने कहां हो? और—चांद तो घर आ गया है और तुम जाने कहां हो? जब किसी को ऐसा अभाव लगने लगता है परमात्मा का भीतर, तो विरह उत्पन्न होता है।

विरह अनुभूति है। इसकी कोई व्याख्या नहीं हो सकती। जानो तो जानो जीयो तो जानो। विरह कोई सिद्धांत नहीं है। समझने-समझाने का कोई उपाय नहीं है। और कठिनाई यह हो गई है कि हमारी आंखों के आंसू सूख गए हैं, और हमारा हृदय प्रेम से बिलकुल खाली हो गया है। हमें सिखाया गया है अप्रेम। हमें दीक्षा दी गई है कठोर होने की। हमें कहा गया है जिंदगी संघर्ष है; इसमें जितने कठोर होओगे, जितने पाषाणवत, उतने ही सफल हो सकोगे। हमें सब तरफ से यही सुझाया गया है कि यहां लोगों के सिर की सीढ़ियां बनानी हैं, तो ही महत्वाकांक्षा के शिखर तक पहुंच सकोगे। हृदय को करो कठोर और बढ़ जाओ। फिर दूसरों को मिटाना पड़े तो मिटाओ। दूसरों की लाशें बिछानी पड़ें तो बिछाओ।

यह पूरा का पूरा समाज सदियों से हिंसा से जी रहा है; अहिंसा की तो सब बकवास है, बातचीत है। यहां अहिंसक भी अहिंसक नहीं है; यहां अहिंसक भी छिपा हुआ हिंसक है। यहां अहिंसा के पीछे भी सब तरह की हिंसा का आयोजन है। यहां अहिंसा भी लड़ने का एक उपाय है। तुम जरा देखो! अहिंसा भी लड़ने का एक उपाय है! महात्मा गांधी की इसलिए प्रशंसा की जाती है कि उन्होंने अहिंसा को अस्त्र बना दिया, लड़ने का एक उपाय बना दिया। प्रशंसा नहीं होनी चाहिए; इसके कारण ही निंदा होनी चाहिए। अहिंसा को भी अस्त्र बना दिया! कुछ तो छोड़ देते, जो अस्त्र न बनता।

तुमने प्रेम की भी तलवार ढाल ली। तुमने शांति के भी छुरे बना लिए। अहिंसा का भी अस्त्र! अहिंसा को भी लड़ने का एक ढंग बना लिया। मगर लड़ाई जारी रही। लड़ने में हिंसा है, तो अहिंसा कैसे लड़ने का साधन हो सकती है? तो अहिंसा नाम ही नाम होगी; भीतर तो हिंसा ही हिंसा होगी। यह कोई अहिंसा नहीं है। लोग सोचते हैं कि महात्मा गांधी ने बुद्ध और महावीर के आगे कदम उठा

दिया। गलत बात है। बुद्ध और महावीर की बड़ी क्रांति पर पानी फेर दिया। अहिंसा को भी लड़ने की विधि बना ली; जैसे कि लड़ने की विधि का ही मूल्य है जगत में। सब चीज लड़ने की विधि है—प्रेम भी लड़ने का ही एक उपाय है। प्रेम भी करो तो इसलिए ताकि जीत सको। अहिंसा भी इसीलिए ताकि दूसरे को दबा सको।

अब एक आदमी अगर तुम्हारे घर के सामने उपवास करके बैठ जाता है कि मैं मर जाऊंगा अगर मेरी न मानी, तो तुम सोचते हो यह अहिंसा है? अगर मेरी न मानी तो मैं मर जाऊंगा! यह तो हिंसा है, यह तो सीधी धमकी है। यह तो ब्लैकमेल है। यह आदमी तो साफ धमकी दे रहा है। यह कह रहा है : याद रखो, जिंदगी-भर पछताओगे; तुमने ही मुझे मारा।

इसी पूना में यह घटना घटी। महात्मा गांधी ने उपवास किया डाक्टर अंबेदकर के विरोध में। क्योंकि डाक्टर अंबेदकर चाहते थे कि शूद्रों को, हरिजनों को अलग मताधिकार प्राप्त हो जाए। काश, डाक्टर अंबेदकर जीत गए होते तो बदतमीजी सारे देश में हो रही है वह नहीं होती। अंबेदकर ठीक कहते थे कि जिन हिंदुओं ने इतने दिन तक शूद्रों के साथ अमानवीय व्यवहार किया, उनके साथ हम क्यों रहें? क्या प्रयोजन है? जिनके मंदिरों में हम प्रविष्ट नहीं हो सकते, जिनके कुओं से हम पानी नहीं पी सकते, जिनके साथ हम उठ-बैठ नहीं सकते, जिन पर हमारी छाया पड़ जाए तो जो अपवित्र हो जाते हैं—उनके साथ हमारे होने का अर्थ क्या है? उन्होंने तो हमें त्याग ही दिया है, हम क्यों उन्हें पकड़े रहें?

यह बात इतनी सीधी-साफ है, इसमें दो मत नहीं हो सकते। लेकिन महात्मा गांधी ने उपवास कर दिया। वे अहिंसक थे, उन्होंने अहिंसा का युद्ध छेड़ दिया! उन्होंने उपवास कर दिया कि मैं मर जाऊंगा, अनशन कर दूंगा। यह तो बड़ी संघातक हानि हो जाएगी हिंदुओं की। हरिजन तो हिंदू हैं और हिंदू ही रहेंगे। उनका लंबा उपवास, उनका गिरता स्वास्थ्य, अंबेदकर को अंततः झुक जाना पड़ा। अंबेदकर राजी हो गए कि ठीक है, मत दें अलग मताधिकार। और इसको गांधीवादी इतिहासज्ञ लिखते हैं—अहिंसा की विजय! अब यह बड़ी हैरानी की बात है इसमें अहिंसक कौन है? अंबेदकर अहिंसक हैं। यह देखकर कि गांधी मर न जाएं, वह अपनी जिद छोड़े। इसमें गांधी हिंसक हैं। उन्होंने अंबेदकर को मजबूर किया हिंसा की धमकी देकर कि मैं मर जाऊंगा।

इसको थोड़ा समझना, अगर तुम दूसरे को मारने की धमकी दो तो यह हिंसा, और खुद को मारने की धमकी दो तो यह अहिंसा; इसमें भेद कहां है? एक आदमी तुम्हारी छाती पर छुरा रख लेता है और कहता है निकालो जेब में जो कुछ हो—यह हिंसा। और एक आदमी अपनी छाती पर छुरा रख लेता है वह कहता है निकालो जो कुछ जेब में हो, अन्यथा मैं मार लूंगा छुरा। तुम सोचने लगते हो कि दो रुपट्टी जेब हैं, इसके पीछे इस आदमी का मरना! भला-चंगा आदमी है, एक जीवन का खो जाना... तुमने दो रुपए निकालकर दे दिए कि भइया, तू ले ले, और जा। दो रुपए के पीछे जान मत दे। इसमें कौन अहिंसक है? मैं तुमसे कहता हूं : डाक्टर अंबेदकर अहिंसक हैं, गांधी नहीं। मगर इसे कौन देखे, कैसे समझा जाए? इसमें लगता ऐसे है, अहिंसा की विजय हो गई; अहिंसा हार गई, इसमें हिंसा की विजय हो गई। गांधी हिंसक व्यवहार कर रहे हैं। जो तर्क नहीं दे सकता, वह इस तरह के व्यवहार करता है।

स्त्रियां सदा से यह करती रही हैं घर में। तुम्हें मालूम है? स्त्री पति को नहीं मारती, खुद को पीट लेती है; मगर वह कोई अहिंसा है? पति को मार नहीं सकती, क्योंकि पति परमात्मा है। पतियों ने ही ऐसा समझाया है कि पति परमात्मा है। पति को तो मार नहीं सकती, अब क्या करे? और मारने का भाव उठ रहा है, पिटाई करने की इच्छा हो रही है। और पति को मार नहीं सकती अपने को पीट लेती है या अपने बच्चों को पीट देती है। अब बच्चे को कुछ पता ही नहीं है वह बेचारा अपना हिसाब-किताब कर रहा था बैठा। उसकी पिटाई क्यों हो रही है, उसके कुछ समझ में ही नहीं आ रहा। यह अहिंसक पिटाई हो रही है! यह पति का परिपूरक है। ये पति पीटे जा रहे हैं, प्रतीकवत्। यह उन्हीं का बेटा है, आधा तो कम-से-कम है ही पति कर दो इसकी पिटाई। अगर बेटा न मिले तो पत्नी खुद को मार लेगी।

पुरुष को गुस्सा आ जाए तो हत्या कर देता है; स्त्री को गुस्सा आ जाए तो दवाई की गोलिया खाकर, नींद की गोलियां खाकर सो जाती है। और पुरुष को गुस्सा आ जाए तो हिंसा करता है, हत्या करता है; स्त्री को क्रोध आ जाए तो आत्महत्या करती है। मगर ये दोनों ही हिंसाएं हैं; एक स्त्रैण हिंसा है, एक पुरुषगत हिंसा है।

गांधी की स्त्रैण हिसा को अहिंसा कहने का कोई कारण नहीं है। सिर्फ स्त्रैण हिंसा है, सिर्फ कमजोर की हिंसा है। एक ताकतवर की हिंसा है, एक कमजोर की हिंसा; मगर इसमें अहिंसा कोई भी नहीं है। बुद्ध और महावीर की अहिंसा का राज कुछ और ही है। लेकिन हमने तो अहिंसा का भी अस्त्र बना लिया। यह समाज हिंसा से भरा है। यह प्रत्येक को कठोर होने की शिक्षा देता है—पाषाणगत हो जाओ। हृदय को सुखा लो। क्योंकि हृदय अगर भीगा रहा, गीला रहा, तो तुम जगत में जी न पाओगे। आंसुओं को सुखा लो, क्योंकि आंसू नामर्दगी है; मर्द कहीं रोते हैं? स्त्रैण मत बनो!

तुम्हारे आसू सूख गए, तुम्हारा प्रेम सूख गया! अब तुम जी रहे हो सिर्फ खोपड़ी में, तुम्हारे हृदय में धड़कन नहीं होती। इसलिए तुम्हें विरह का कोई अनुभव नहीं हो सकता है। विरह के लिए पहले प्रेम का अनुभव जरूरी है। विरह के लिए थोड़ा अपने हृदय में उतरो। फिर से अपने हृदय को गूंजने दो। फिर से देखो फूलों को, पत्तों को, चांद-तारों को, लोगों को। फिर से छोटे बच्चे की तरह अपने भाव को गति दो, गतिमान करो। हटा दो पत्थर बीच में पाषाण के, कठोरता के, महत्वाकांक्षा के, हिंसा के, और फिर से आंखों को गीली करो। फिर से रोना सीखो।

कभी किसी गुलाब के फूल को खिला देखकर रोए हो? नहीं रोए, तो गलत बात है। गुलाब का फूल खिला और तुम रोए भी नहीं! तुम इतना भी न कर सके कि दो आंसू टपकाते आनंद के! कि कोयल पुकारी है और तुम रोए हो? कि पपीहे ने भी पुकारा, पिया को पुकारा, तुम्हारे भीतर कोई पुकार नहीं उठती! तुम ऐसे ही चले जाते हो बहरे! संगीत कोई छेड़ देता है, रोए हो?

कल एक छोटी-सी संन्यासिनी, जरा-सी लड़की शक्तिपात के लिए आई। बार-बार लिख रही थी कि मेरे सिर पर ही हाथ रखें, मेरी भी शक्ति को जगाएं। देखती थी, और संन्यासी आते हैं, उनके सिर पर मैं हाथ रखता हू; उनके भीतर ऊर्जा का प्रवाह होता है। छोटी बच्ची है, अभी तो ध्यान भी उसने किया नहीं है। अभी तो मां-बाप ने सन्यास लिया, तो उसने भी सन्यास ले लिया है।

लेकिन उसके भीतर भाव की तरंग थी तो मैंने कहा ठीक है, तू आ। और मैं भी चकित हुआ, जब उसकी ऊर्जा प्रवाहित होने लगी। पास में मनीषा बैठी थी, मनीषा तो इतनी आनंद-विभोर हो गई उस बच्ची की ऊर्जा को प्रवाहित होते देखकर कि रोने लगी, अपने आंसू नहीं रोक पाई। वे आनंद के आंसू हैं। इस छोटी-सी बच्ची में जो घट रहा है, एक कमल खिल रहा है। इस कमल को खिलते देखकर तुम आनंद से रोओगे नहीं, तुम्हारी आंखें गीली हो जाएंगी?

आकाश में उड़ते पक्षी को देखकर तुम्हें अपने भीतर मुक्त होने की कामना नहीं जगती? पिंजड़े में बंद पक्षी को देखकर तुम्हें अपनी स्थिति की याद नहीं आती? किसी रूखे-सूखे वृक्ष को देखकर तुम्हें अपना बोध नहीं होता कि ऐसा ही मैं हो गया हूं। तुम कभी अपने लिए रोए हो, दूसरे के लिए रोए हो? तुम्हारे भीतर कभी प्रेम को तुमने बहाव दिया है, प्रवाह दिया है? ... तो तुम विरह समझ सकोगे।

प्रेम को जगाओ। और मैं जानता हूं कि तुम परमात्मा के प्रेम में एकदम नहीं पड सकते। तुमने अभी पृथ्वी का प्रेम नहीं जाना, तुम स्वर्ग का प्रेम कैसे जान पाओगे? इसलिए मैं निरंतर कह रहा हूं कि मेरा संदेश प्रेम का है। पृथ्वी के प्रेम को तो जानो, तो फिर वही प्रेम तुम्हें परमात्मा के प्रेम की तरफ ले चलेगा। अभी तो तुमने प्रेम को जाना ही नहीं। पृथ्वी का प्रेम नहीं जाना, किसी स्त्री का प्रेम नहीं जाना, किसी पुरुष का प्रेम नहीं जाना, किसी मित्र का प्रेम नहीं जाना; प्रेम से वंचित हो तुम, तुम कैसे परमात्मा का प्रेम जानोगे? और अक्सर यह भ्रांति प्रचलित है कि इस संसार में अगर प्रेम किया तो परमात्मा से वंचित रह जाओगे। न मालूम किन नासमझों ने यह बात तुम्हें समझाई है! तुमने अगर इस संसार में प्रेम नहीं किया तो तुम परमात्मा के प्रेम में कभी पडोगे ही नहीं। जो उथले-उथले नहीं तैरा वह सागर में कैसे तैरेगा? जो मानवीय संबंधों के छोटे छोटे नाते-रिश्तों में नहीं डूबा, वह उस परम रिश्ते में कैसे डूबेगा? वह तो बड़ा गहरा सागर है! तैरना तो किनारे पर सीखना होता है, जहां पानी उथला हो, ताकि डूबो भी तो मर न जाओ, जहां कि डूब न सको। हां, तैरना आ जाए फिर जाओ, फिर दूर-दूर सागर तैरो। फिर कोई अंतर नहीं पड़ता। नीचे कितना पानी गहरा है, तैरनेवाले को कोई अंतर नहीं पड़ता। मील-भर गहरा हो कि दस मील गहरा हो, कोई अंतर नहीं पडता। तैरनेवाला तो तैरना जानता है, बात समाप्त हो गई। लेकिन न तैरनेवाले को अंतर पड़ता है, पानी उथला है कि गहरा है। गहरा डुबा देगा। उथले में सीखना होता है।

मेरे देखे, मेरे लेखे—संसार परमात्मा का उथला रूप है। यह उसका किनारा है। संसार परमात्मा का किनारा है। इस किनारे पर थोड़ा तैरो, थोड़ा प्रेम करो। इसी प्रेम से तुम भीगोगे, आर्द्र होओगे, गीले होओगे। यही प्रेम तुम्हें स्वाद देगा, यद्यपि यह प्रेम तुम्हें पूरा तृप्त नहीं करेगा। यही इस प्रेम की खूबी है, यह तुम्हें स्वाद देता है लेकिन तृप्त नहीं करता। यह तुम्हें झलक देता है, लेकिन भूख नहीं भरती, पेट नहीं भरता। वस्तुतः इसकी झलक के कारण तुम्हें पहली दफा भूख पैदा होती है। तुम्हें अनुभव आता है कि ऐसा भी हो सकता है।

एक स्त्री और एक पुरुष का मिलन अत्यंत गहन प्रेम में क्षण-भर का ही होता है, लेकिन उस क्षण-भर में कोई झरोखा खुलता है। उस झरोखे से समय मिट जाता है, काल मिट जाता है, दूरियां मिट जाती हैं। मैं-तू का भाव मिट जाता है। क्षण भर को! मगर उस क्षण-भर में ही वर्षा हो जाती है

एक अपूर्व शाश्वत आनंद की! फिर क्षण-भर बाद बड़ी अंधेरी रात है। फिर विछोह है और बड़ी पीड़ा है। पहले से ज्यादा पीड़ा! क्योंकि पहले तो पतां था, इस आनंद का यह झरोखा खुला था। बद कमरे में रहे थे, बंद कमरा ही जाना था। तुलना के लिए कोई उपाय न था। अब तो खुला हुआ आकाश देख लिया, आकाश के तारे देख लिए, अब तो दूर-दूर विस्तीर्ण नीलिमा देख ली आकाश की। आकाश में उड़ते पक्षी देख लिए। झरोखा बंद हो गया, लेकिन अब उसकी याद सताती है। अब यह घर तुम्हें ज्यादा दिन कैद में नहीं रख सकेगा; आज नहीं कल, तुम पंख पसारोगे। तुम उस झरोखे से उड़ जाओगे।

मनुष्यों का प्रेम, पृथ्वी का प्रेम, झरोखा खोलता है परमात्मा का। और दोहरी घटना घटती है सामान्य प्रेम में : एक तरफ आनंद के क्षण आते हैं, दूसरी तरफ दुःख की, विषाद की घड़ियां आती हैं। आनद कहता है ऐसा ही सदा के लिए हो जाए, यह क्षण शाश्वत हो जाए। मगर कोई मानवीय संबंध शाश्वत नहीं हो सकता, क्षण-भंगुर ही होता है। फिर पीछे विषाद आता है। तभी तो आदमी समाधि की तलाश में निकलता है; उस पर परम प्यारे की तलाश में निकलता है, जिससे आलिंगन एक बार हुआ; जिससे मिलन हुआ तो हुआ, सदा के लिए हो गया।

मगर जिसने घूंट-भर शराब न पी, वह मधुशाला की तलाश में क्यों निकलेगा? इस पृथ्वी की शराब को घूंट-भर शराब समझो, ताकि तुम परमात्मा की मधुशाला में जाने के लिए आतुर होने लगो, दीवाने होने लगो। तो तुम्हें प्रेम समझ में आए, विरह समझ में आए, और किसी दिन सौभाग्य की घड़ी में मिलन भी समझ में आए। पर शब्दों से समझने का उपाय नहीं।

छठवां प्रश्न : गोरखनाथ की मूल शिक्षा क्या है?

बड़ी छोटी, संक्षिप्त—

हंसिबा खेलिबा रहिबा रंग। काम क्रोध न करिबा संग।
हंसिबा खेलिबा गाइबा गीत। दृढ़ करि राखी अपना चीत।
यही मेरी शिक्षा भी है : हंसिबा खेलिबा रहिबा रंग।

रंग से रहो! मस्ती में, मौज में, आनंद में। इतना परमात्मा ने दिया है, नाचो, गुनगुनाओ, गाओ! धन्यवाद का गीत उठना चाहिए तुम्हारे हृदय से! वही प्रार्थना है।

हंसिबा खेलिबा रहिबा रंग।

हंसो। अगर न हंस सको तो समझना तुम कभी धार्मिक न हो सकोगे।

तुम्हारे तथाकथित साधु-संत तो हंसी भूल कर बैठे हैं। हंस ही नहीं सकते, हंसने में गुनाह है, पाप है। इसलिए तुम अपने साधु-संतों के साथ ज्यादा देर नहीं रह सकते। बस गए, जल्दी से पैर छुए, नमस्कार किए, चले। चौबीस घंटे रह जाओ तो तुम्हें कठिनाई पता चले। तुम्हारी भी हसी छिन जाए। साधु-संतों के पास जाकर लोग गंभीर हो जाते हैं। साधु-संतों के पास जाकर लोग अकड जाते हैं—रूखे हो जाते हैं, गंभीर, अति गंभीर! हंसी तो गुनाह मालूम होगी।

और सुनो, ये परम साधु गोरख क्या कहते हैं : हंसिबा खेलिबा . . . ! हंसो और खेलो। जीवन को अभिनय से ज्यादा मत समझो, खेल समझो, लीला समझो।

हंसिबा खेलिबा रहिबा रंग!

और ऐसे रहो, रंग से रहो। मौज तुम्हारा जीवन हो, मौज तुम्हारी शैली हो।

काम क्रोध न करिबा संग।

और तभी तुम पाओगे काम-क्रोध अपने से छूटने लगे, उन्होंने तुम्हारा सग छोड दिया। छोड़ना भी न पड़ेगा। क्योंकि तुम्हारी सारी ऊर्जा हंसने में, खेलने में, गीत गाने में, प्रार्थना में, मस्ती में, नाचने में लग गई; वही ऊर्जा काम-क्रोध में लगती थी, अब फुर्सत कहां है? जिसका धन हीरे-जवाहरात खरीदने लगा, उसका धन अब कूड़ा-करकट तो नहीं खरीदेगा! अब तुम्हारी ऊर्जा का आयाम बदला।

हंसिबा खेलिबा रहिबा रंग। काम-क्रोध न करिबा संग।

उठने दो गीत! गीत तुम्हारी श्वास-श्वास में होना चाहिए तो ही तुम धार्मिक हो पाओगे। धर्म काव्य है, महाकाव्य है। धर्म गद्य नहीं है, पद्य है। धर्म जीवन को गाने की कला है। धर्म संगीत है और नृत्य है और नृत्य।

दृढ़ करि राखी अपना चीत।

गाओ गीत और गीत में अपने चित्त को दृढ़ हो जाने दो, जम जाने दो, लग जाने दो [illegible] और सब हो जाएगा। शेष सब अपने से हो जाएगा। शेष परमात्मा कर लेगा, तुम इतना करो।

सबदहिं ताला सबदहिं कूंजी, सबदहिं सबद जगाया।
सबदहिं सबद सुपरचा हुआ, सबदहिं सबद समाया।

उसी महासंगीत से सब पैदा हुआ है। परमात्मा परमध्वनि है—ओंकार, एक ओंकार सतनाम। और ओम का नाद परमात्मा। सबदहिं ताला सबदहिं कूंजी—इसलिए उस परम शब्द में ही ताला है, उसी परम शब्द में कुंजी भी है। संगीत का ही ताला है, संगीत की ही कुंजी है। छंद का ही ताला है, छंद की ही कुंजी है। तुम्हारे भीतर मौन संगीत उठ आए, मौन गीत जग जाए—शब्द-शून्य, शब्द-रिक्त—शब्द संगीत जग जाए, बस कुंजी मिल गई!

सबदहिं सबद जगाया।

और यही तो गुरु के पास घटता है। गुरु अपनी वीणा छेड़ देता है, अपना शब्द छेड़ देता है, तुम्हारे भीतर सोए हुए शब्द में झंकार पड़ती है। तुम्हारे भीतर भी शब्द में प्रतिध्वनि उठने लगती है।

सबदहिं सबद जगाया।
सबदहिं सबद सुपरचा हुआ।

और गुरु के संगीत में डूबकर, गुरु के शब्द में डूबकर, गुरु की मूल ध्वनि में डूबकर अपना

भी परिचय हुआ।

सबदहिं सबद सुपरचा हुआ, सबदहिं सबद समाया।

और फिर सगीत, जीवन का सारा संगीत उस महासंगीत में लीन हो जाता है।

शब्द है संसार। शब्द का अर्थ है : संगीत प्रगट हुआ। शून्य है परमात्मा। शून्य का अर्थ है : शब्द वापिस अपने मूलस्रोत में समा गया। मगर नाचो, गाओ।

हंसिबा खेलिबा रहिबा रग। काम क्रोध-क्रोध न करिबा सग।
हंसिबा खेलिबा गाइबा गीत। दृढ़ करि राखी अपना चीत।

आखिरी प्रश्न : ईश्वर-अस्तित्व का प्रमाण क्या है?

कोई प्रमाण नहीं है, या प्रत्येक चीज प्रमाण है। तर्क की दृष्टि से तो कोई प्रमाण नहीं, क्योंकि परमात्मा तर्कातीत है। न तो तर्क से कोई सिद्ध कर सकता है उसे, न असिद्ध कर सकता है। और खयाल रखना, जो तर्क से सिद्ध हो सकता है वह तर्क से असिद्ध भी हो सकता है।

परमात्मा न तो सिद्ध होता है न असिद्ध होता है। परमात्मा तो बस है। शायद यह कहना भी ठीक नहीं कि परमात्मा है। क्योंकि परमात्मा है, ऐसा कहने से पुनरुक्ति-दोष लगता है। 'है' ही तो परमात्मा है। जो है वही परमात्मा है। तो जब हम कहते हैं वृक्ष है, यह ठीक है कहना; क्योंकि एक दिन वृक्ष नहीं हो जाएगा; और एक दिन नहीं था, फिर नहीं हो जाएगा। होना सिर्फ बीच में हुआ। इसलिए वृक्ष है, आदमी है, मकान है; लेकिन परमात्मा है, यह कहना ठीक नहीं, क्योंकि परमात्मा न तो कभी 'नहीं' था और न कभी 'नहीं' होगा। इसलिए जिस अर्थ में हम 'है' का प्रयोग करते हैं, उस अर्थ में परमात्मा के लिए नहीं किया जा सकता। परमात्मा तो 'है' का ही दूसरा नाम है। वृक्ष है, अर्थात् वृक्ष परमात्मा में है। मनुष्य है अर्थात् मनुष्य परमात्मा में श्वास ले रहा है। जब परमात्मा अपनी श्वास वापिस ले लेगा, मनुष्य नहीं हो जाएगा। जब परमात्मा अपनी हरियाली वापिस ले लेगा, वृक्ष नहीं हो जाएगा।

तो एक अर्थ में कोई प्रमाण नहीं—तर्क के अर्थ में; अस्तित्व के अर्थ में उसका ही प्रमाण है सब तरफ। ये खड़े वृक्ष, यह गिरती हुई धूप, यह पक्षियों की आवाज, यह मेरा तुमसे बोलना, यह तुम्हारा यहा चुप, मौन, आनंदमग्न हो सुनना—इस सब में प्रमाण है। सुनते हो यह आवाज पक्षियों की, प्रमाण ही प्रमाण है! लेकिन तुम शायद तर्क की दृष्टि से प्रमाण चाहते हो, वैसा कोई प्रमाण नहीं है!

अरे, ये किसने बोने शूल, बिछाईं किसने ये कलियां?
यह किस वंशी की तान
कि जिसके स्वर-स्वर से ले ताल,

अचानक थिरक उठा जीवन?
यह किन अधरों का गान,
फूटते जिसके बेसुध रागों से,
उल्लास-भरे निर्झर अनगिन?
यह कौन अछूता सुमन
बीनने जिसका मदिर पराग,
भाग आईं भ्रमरावलियां?

प्राण, ये किसने बीने शूल, बिछाईं किसने ये कलियां?
यह कैसी पागल प्यास,
मांगना जिसने सीखा नहीं,
न कुछ भी पाने का उल्लास?
यह अजब अनोखी आस,
खोजती खोकर खोने हेतु,
निराशा में पलता विश्वास?
यह कैसी लुटी बहार,
खोजती आई जो मधुमास,
बन गई मन की रगरलियां।

आह, ये किसने बीने शूल, बिछाईं ये कलियां?
यह किस जीवन का तिमिर,
खोजता आया मेरे पास,
स्नेह की ज्योति सहज ही घिर?
ये किसके सपने बधिर,
नहीं जो सुनें पराई बात
नित्य आते नयनों में तिर?
यह कैसी ज्वाला उठी,
जलाने आई है जो आज,

स्नेह की ज्योति सहज ही घिर?

ये किसके सपने बधिर,

नहीं जो सुनें पराई बात

नित्य आते नयनों में तिर?

यह कैसी ज्वाला उठी,

जलाने आई है जो आज,

प्यार की शत दीपावलियां?

बता दो किसने बीने शूल, बिछाईं किसने ये कलियां?

पूछते हो प्रमाण?

अरे, ये किसने बीने शूल, बिठाई किसने ये कलियां?

कौन रंग रहा है ये रंग, कौन चितेरा! कौन भरता है रंग इंद्रधनुषों में! कौन रंगता है रंग तितलियों के परों में! कौन भरता है गीत कोकिल के कंठों में! कौन तुम्हारे भीतर श्वास ले रहा है! कौन तुम्हारे भीतर धड़क रहा है! कौन है तुम्हारा जीवन! और तुम पूछते हो प्रमाण परमात्मा का? 'जो है' उसका ही परमात्मा दूसरा नाम है।

मैं परमात्मा को और अस्तित्व को अलग-अलग नहीं तोड़ता। पुराने धर्मों ने यह भूल की थी; इस भूल का बड़ा दुष्परिणाम हुआ। पुराने धर्म संसार को तोड़ देते हैं परमात्मा से अलग, फिर सवाल उठता है उसका प्रमाण कहां है? स्वाभाविक सवाल है। संसार तो है नहीं परमात्मा, फिर परमात्मा कहां है? फिर अड़चन खड़ी होती है। फिर आकाश में हाथ उठाने पड़ते हैं। ये हाथ झूठे हैं।

मैं तुमसे कहता हूं : परमात्मा अस्तित्व है ; इसमें पार नहीं है, इसी में छिपा है, इसी में गुंथा है। यहीं खोजो, अभी खोजो। तुम पत्ते-पत्ते में उसके हस्ताक्षर पाओगे। तुम पत्थर-पत्थर में उसे छिपा पाओगे। जीसस का वचन है : उठाओ पत्थर को और तुम मुझे छिपा पाओगे। तोड़ो लकड़ी को और तुमने मुझे तोड़ दिया।

बता दो किसने बीने शूल, बिछाईं किसने ये कलियां?

और तुम प्रमाण पूछ रहे हो? और प्रमाण देनेवाले लोग हुए हैं। और उनके सब प्रमाण व्यर्थ हैं। कोई प्रमाण कारगर नहीं है। अब तक जितने प्रमाण दिए गए हैं परमात्मा के, सब दो कौड़ी के हैं। जैसे कोई कहता है कि हर चीज को बनानेवाला होना चाहिए; इतना बड़ा जगत तो इसका बनानेवाला कोई होगा। मगर उसका प्रमाण आत्मघात कर लेगा, नास्तिक के सामने जाते ही हाथ-पैर उसके लंगड़ा जाएंगे। क्योंकि नास्तिक कहता है, अगर हर बनाई गई चीज का बनानेवाला होना चाहिए, अगर संसार को बनाने के लिए परमात्मा चाहिए तो फिर परमात्मा को किसने बनाया? बस उसने अटका दी तुम्हारी फांसी! परमात्मा को किसने बनाया है? तुम नाराज होने लगे कि नहीं, परमात्मा को किसी ने नहीं बनाया। तो नास्तिक कहा है, जब परमात्मा बिना बनाए हो सकता है तो संसार क्यों नहीं हो सकता? टूट गया तर्क, पोचा निकला।

गुप-चुप। गाओ, नाचो। और किसी दिन अचानक तुम पाओगे, कौंध गई उसकी बिजली। कब कौंध जाए, कुछ कहा नहीं जा सकता। उसकी कोई भविष्यवाणी भी नहीं हो सकती। अनायास आता है वह अतिथि, अचानक द्वार पर खड़ा हो जाता है। जिस क्षण तुम्हारी पात्रता होती है, जिस क्षण तुम निर्मल होते हो, शांत होते हो, उसी क्षण घटना घट जाती है। फिर कोई प्रमाण नहीं चाहना पड़ता, फिर तुम स्वयं ही प्रमाण हो जाते हो। तुम्हारा अनुभव ही प्रमाण हो सकता है, और कोई चीज प्रमाण नहीं हो सकती।

बता दो किसने बीने शूल, बिछाईं किसने ये कलियां?

आज इतना ही।

■■■